TROIS MOIS
D'AMBULANCE

AUX ARMÉES

DE LA LOIRE ET DE L'EST

IMPRESSIONS ET SOUVENIRS

PAR J. JANICOT

AIDE-MAJOR DE L'AMBULANCE DE MARCHE DE SAINT-ÉTIENNE

SAINT-ÉTIENNE
J.-M. FREYDIER, IMPRIMEUR-LIBRAIRE
2, rue de la Bourse, 2

—

1871

Tous droits réservés.

TROIS MOIS

D'AMBULANCE

AUX ARMÉES

DE LA LOIRE ET DE L'EST

SAINT-ÉTIENNE, IMP. FREYDIER, RUE DE LA BOURSE, 2

TROIS MOIS
D'AMBULANCE

AUX ARMÉES

DE LA LOIRE ET DE L'EST

IMPRESSIONS ET SOUVENIRS

PAR J. JANICOT

AIDE-MAJOR DE L'AMBULANCE DE MARCHE DE SAINT-ÉTIENNE

SAINT-ÉTIENNE
J.-M. FREYDIER, IMPRIMEUR-LIBRAIRE
2, rue de la Bourse, 2

1871

A Messieurs

Barbe, *président;* Rondel, *trésorier;* Antonin Boudin, *secrétaire;*

Guitton Nicolas, Tézenas du Montcel, Léopold Robichon, Chéri-Rousseau, *membres du Comité de secours aux blessés de Saint-Etienne.*

A Monsieur

le Docteur Riembault, *chirurgien en chef de l'ambulance de Saint-Etienne, membre du comité;*

Respectueux Hommage

A MES DEUX **BONS** AMIS,

A. Philippon et Victor Paliard, et à mes autres camarades d'ambulance :

Souvenir amical

A

M. CLAUDIUS DESJOYEAUX

*Intendant général de l'ambulance
de marche de Saint-Etienne, membre du comité,
Maire de la ville de Saint-Etienne.*

Mon cher Desjoyeaux,

Durant le cours de nos deux tristes campagnes aux armées de la Loire et de l'Est, il vous souvient, qu'au soir de chaque journée, nous jetions rapidement, mais régulièrement, quelques notes sur notre inséparable carnet de voyage. Nous pensions, sans doute, qu'un jour nous retrouverions avec une joie mêlée de tristesse, ces mille petits souvenirs d'une époque à jamais néfaste. Encouragé par MM. les membres du Comité, par vous, par quelques amis, je me suis décidé à donner une forme à ces notes éparses et sans suite, mais qui reproduisaient, dans leur simple vérité, les impressions du moment. De là, est sortie cette modeste brochure.

Je suis loin de m'illusionner sur son importance, son mérite et son opportunité. A une époque de crise et de tourmente comme celle que nous traversons, où les événements les plus considérables se succèdent avec une prodigieuse précipitation, où chacun se demande avec inquiétude de quoi le lendemain sera fait, où les plus graves problèmes de l'ordre social, politique et religieux, s'imposent aux méditations des penseurs, quand ils ne se discutent pas à coup de fusils ; où la France vaincue, démembrée, à demi ruinée par l'étranger, se débattait hier encore dans les étreintes de la plus épouvantable des guerres civiles, à une époque semblable, le public est nécessairement comme le préteur romain : « *De minimis non curat.* » Il ne s'arrête pas aux petites choses. Aussi, n'ai-je pas la prétention de l'intéresser beaucoup en lui disant le peu que nous avons fait, le peu que nous avons vu. Mon ambition a été moins grande. J'ai voulu simplement montrer, à ceux de nos compatriotes, riches ou pauvres (car tous ont donné), qui, dans une pensée patriotique et humaine, ont créé et soutenu notre ambulance, qui l'ont organisée sur un pied presque irréprochable, j'ai voulu leur montrer, par le récit exact et détaillé de l'emploi du temps, que l'ambulance de Saint-Etienne, leur œuvre, s'était toujours inspirée de l'idée de dévouement et d'humanité qui a présidé à sa création. Pourquoi le tairais-je ? J'ai voulu dire aussi qu'à une époque de paralysie générale pour les affaires, notre ville, essentiellement industrielle, avait su trouver en quelques mois pour l'œuvre des blessés, la somme énorme de 300,000 francs (1).

Puisse cette patriotique générosité d'un passé récent, obtenir, sinon l'oubli, du moins le pardon, pour les événements lugubres qui ont imprimé une tache sanglante et indélébile au front de notre cité natale.

C'est dans cet esprit que j'ai écrit ces lignes. Je les livre aujourd'hui à la publicité, mais en me permettant de réclamer, pour la plume inexpérimentée qui les signe, l'indulgence bienveillante de tous ceux qui me feront l'honneur de les lire.

Qu'il me soit permis encore, au nom de mes camarades et de tous ces soldats inconnus que nous avons soulagés, de remercier, après le public Stéphanois, MM. les membres du Comité, qui, dans l'organisation si complexe de notre ambulance, ont déployé un zèle et une intelligence dignes de tous les éloges. Merci enfin, à notre bien aimé chef, M. le docteur Riembault, dont la sollicitude de tous les instants et la science profonde, ont été pour nous, deux nécessaires soutiens.

---

(1) Le montant des sommes encaissées par notre comité s'élève à .... 149,770 fr. 95
Le montant des sommes encaissées par le comité dit des Ambulances sédentaires s'élève à .... 41,322 fr 55

Total .... 191,093 fr. 50

Les dons en nature représentent approximativement une somme de .... 100,000 fr. »

Et vous, mon cher Desjoyeaux, vous qui, chargé dans des conditions exceptionnellement difficiles, à travers des pays ravagés par la guerre et l'invasion, de pourvoir à notre entretien journalier et à celui de nos nombreux blessés, n'avez reculé devant aucune fatigue, devant aucune pénible démarche, n'avez-vous pas droit à notre souvenir le plus reconnaissant? Si nous avons pu faire quelque bien, au public, à ces Messieurs et à vous, doit en revenir le principal honneur.

J. JANICOT.

Juin 1871.

Si quelque chose pouvait consoler des immenses désastres de la dernière guerre, ce serait assurément le déploiement de charité auquel elle a donné lieu. On eût dit que la France voulait, je ne dirai pas égaler, mais imiter le patriotisme ardent dont l'Amérique, lors des gigantesques luttes de la sécession, avait donné un exemple sans précédent dans l'histoire. Le 19 juillet 1870, date à jamais néfaste, nous déclarions imprudemment la guerre à la Prusse. Immédiatement et d'un bout de la France à l'autre, les souscriptions affluèrent et remplirent les colonnes des journaux. Dès l'abord et avec raison, on songea aux victimes futures des combats qui commençaient, aux blessés, aux malades, dont le nombre, hélas! dans cette campagne où tout fut déception, devait tromper tous les calculs. A Paris, en un mois, la souscription ouverte par le *Gaulois* pour la société des ambulances de la presse, atteignit le chiffre d'un million. La province, de son côté, ne restait pas indifférente et inactive, et, parmi les villes des départements, Saint-Etienne, je puis le dire, parce que je puis le prouver, se plaça et se maintint au premier rang.

Pour donner une direction commune et intelligente, aux efforts individuels qui ne demandaient qu'à se produire, on fonda, dès la fin de juillet, un comité qui prit le titre de « Comité international de secours aux blessés de Saint-Etienne » et dont le bureau, composé de neuf membres, fut nommé à l'élection. Son premier acte fut d'envoyer à Paris une somme de 25,000 fr., destinée à venir en aide à l'armée ; puis il s'occupa de rechercher et de secourir les familles nécessiteuses auxquelles la guerre enlevait leurs soutiens. Cela suffit pour attirer l'attention de l'autorité supérieure et provoquer ses défiances.

Fidèle aux traditions centralisatrices de son gouvernement, le préfet de la Loire, M. Castaing, convoqua le comité de secours aux blessés et fit tout pour l'englober dans un grand comité préfectoral, dont il devait naturellement prendre la présidence et la direction. Ces tentatives furent vaines, et justement désireux de garder une indépendance absolue, MM. les membres du comité refusèrent nettement d'entrer dans cette combinaison, dont le moindre inconvénient eût été d'aliéner complétement leur initiative et de faire échouer leur œuvre, en la confiant aux mains de la bureaucratie officielle.

Sur la prière de M. le sous-intendant militaire

de Saint-Etienne, ils installèrent à la gare du chemin de fer, pour les blessés de passage, une ambulance pourvue de tout le matériel nécessaire; puis ils organisèrent à la Banque de France, siége du comité, de grands ateliers destinés à préparer les linges à pansements et à confectionner de chauds vêtements d'hiver. Grâce à ces ateliers et à la charité des Stéphanois, grâce surtout au dévouement sans bornes des dames et demoiselles de notre ville, qui pendant sept mois, travaillèrent d'une manière ininterrompue et avec un zèle infatigable, on put expédier aux ambulances de Paris, avant l'investissement de la capitale, quatre-vingt-dix caisses de linges, bandes, charpie, vins fins, vêtements, etc. A l'occasion de cet envoi, le comité de secours aux blessés de Paris, par l'entremise de M. le comte de Flavigny, son président, écrivait à la date du 6 septembre : « Vous êtes une véritable providence pour notre œuvre. »

Après le 4 Septembre, le nouveau préfet de la Loire, M. César Bertholon, institua un second comité qui prit le nom de « Comité des ambulances sédentaires. » L'organisation d'ambulances sédentaires entrait si bien dans la pensée du comité fondé à la fin de juillet, qu'une de ces ambulances, celle de la gare, créée par lui, était déjà en pleine activité. Comme il avait donné, en outre, des preuves non équivoques de sa vitalité, on aurait pu penser que M. Bertholon lui offrirait de se charger de l'établissement des ambulances sédentaires qui avaient si justement appelé sa sollicitude. Cependant, il n'en fut rien. En général, en

France, les gouvernements se suivent et... se ressemblent. A l'exemple de M. Castaing, son prédécesseur, M. le préfet raisonna d'après le « *Timeo Danaos et dona ferentes,* » et crut voir sans doute de la politique, là où il n'y avait qu'un dévouement désintéressé à la chose publique. Quoi qu'il en soit, la communauté du but à atteindre et un égal désir de soulager les souffrances de tous ces soldats qui versaient leur sang pour le pays, établirent de suite des relations entre les deux comités.

M. Vernes d'Arlandes, délégué de la société Internationale française de secours aux blessés militaires, pour la région de l'Est, ayant proposé aux membres du Comité de secours aux blessés d'organiser une ambulance de marche, ceux-ci pensèrent qu'une telle idée pouvait être féconde en heureux résultats et se mirent immédiatement à l'œuvre pour arriver à sa réalisation. L'un d'eux, le docteur Riembault, étudia la question de l'organisation médicale et du personnel ; un second s'occupa du matériel roulant, un autre de la batterie de cuisine, un quatrième des objets de pansement, un cinquième des approvisionnements divers, un dernier enfin du classement définitif et de l'organisation générale.

Dans la seconde quinzaine de novembre, ce travail vraiment considérable était terminé, et l'ambulance de marche était prête à entrer en campagne. Elle était divisée en quatre sections, ainsi réparties :

1° Service médical.

Chirurgien en chef. — M. le docteur Riembault.

Chirurgiens. — MM. les docteurs Kuhn; Bertrand-Dutech.

Aides-chirurgiens. — MM. Balestre; Despine; Ferrary; Janicot; Laurency; Paliard; Piftau; Vercin; Vert;

2° Service de la pharmacie.

Pharmacien en chef. — M. Philippon.

Aide-pharmacien. — M. Darne.

3° Service des infirmiers.

MM. Ballefin; Brun; Chazet; Déchaud; Jouve; Méjasson; Montmartin; Ranchon; Richard; Séchinger; Solélhac; Tardy; Vadon (Antoine); Vadon (Camille).

4° Service administratif.

Intendant général. — M. Claudius Desjoyeaux

Sous-intendant général. — M. A. Ray.

Interprète. — M. Hueber.

Aumônier. — M. l'abbé Vial.

Le matériel roulant comprenait :

1° Onze chevaux, forts et robustes, donnés par quelques personnes de notre ville;

2° Deux grands omnibus, disposés spécialement pour contenir commodément la pharmacie et tout le matériel chirurgical, instruments, gouttières, appareils, caisses de linge, bandes, charpie, compresses, etc.

3° Deux breaks, pouvant servir au transport des approvisionnements et à celui du personnel.

Le 26 novembre, nous partions.

Ici commence ce journal, simple récit, fait d'impressions et de souvenirs, non de science ou d'appréciations historiques.

22 novembre 1870.

Le comité organisateur de notre ambulance, nous convoque à une messe de départ, à laquelle nous nous rendons tout naturellement, sans songer que nous allons y trouver un brevet d'imbécilité. Il y a des gens qui n'ont pas de chance, et franchement nous sommes de ces gens-là, puisqu'à peine sortis de la grande-église, nous recevons *un éreintement* de première classe dans les colonnes d'un des journaux de notre ville (1). Nous avons entendu une messe et un sermon ; donc, nous sommes des idiots, des réactionnaires, que sais-je? Voilà tout bonnement, pour ceux qui savent lire entre les lignes, ce que nous valons aujourd'hui. Gare demain! demain, peut-être, on insinuera que nous devons nous inspirer dans toutes nos opérations, comme dans tous nos pansements, des « *monita secreta societatis Jesu.* » (2) Le journal de M. de Laberge nous demande si nous sommes encore sous les Bourbons, au moment de la guerre d'Espagne de 1823, ou sous la République. La réponse me paraît simple. Eh! oui, nous avons quitté le gouvernement de droit divin pour le gouvernement républicain ; mais c'est précisément pour cela que nous ne reconnaissons à personne, le droit de contester à qui que ce soit, et de quelque manière que ce soit, la

---

(1) L'*Eclaireur* du 22 novembre 1870.
(2) Règles secrètes de la compagnie de Jésus.

première, comme la plus inaliénable des libertés, la liberté de conscience. M. (le rédacteur de l'article) aurait-il donc oublié que le grand devoir des hommes qui aiment sincèrement la liberté, est de la respecter d'abord chez autrui? Il nous demande, avec ironie, ce qui pourra sortir « de cette église où s'est donnée une pareille bénédiction. »

Mon Dieu, il en est déjà sorti 7 ou 800 francs, destinés à panser bien des blessures, et que n'auraient pas trouvés tous ces philanthropes de parade, dont le platonique amour pour l'humanité n'a qu'un tort, un seul, celui de s'arrêter invariablement à la bourse. J'imagine que les pauvres soldats, dont nous soulagerons bientôt les souffrances, ne nous demanderont pas, avant d'accepter nos soins, à l'ombre de quel drapeau politique, philosophique et religieux s'est inspiré notre dévouement. Le rédacteur du journal en question, eut donc mieux fait de réserver pour une meilleure occasion sa vieille plume de Tolède, dont l'élucubration d'un goût fort douteux et d'une parfaite inconvenance, a dû faire hausser les épaules à tous les hommes de bon sens, comme à tous les gens de bien. Prendre de grands airs d'indignation, crier à la réaction, parce qu'il a plu à quelques hommes, libres après tout de croire en Dieu, de passer une heure dans une église, cela porterait à penser qu'un savant allemand n'a pas eu tort d'écrire un livre remarquable sous ce titre : « *De morbo democratico* » de la folie démocratique. *Intelligenti pauca.* A bon entendeur, salut !

26 novembre.

En nous vouant volontairement à l'œuvre du soulagement des blessés sur les champs de bataille, nous pensions faire acte de patriotisme et payer à la France en détresse l'humble tribut de sacrifice et d'abnégation que lui doivent tous ses enfants. Il paraît au contraire que nous sommes des citoyens dangereux et suspects, car on nous annonce que le conseil municipal nous juge indignes d'être escortés à la gare par la garde nationale. Soit, nous partirons bien seuls (1).

La pluie tombe à torrents et nous fait commencer ainsi l'apprentissage de notre nouvelle existence; mais en dépit de l'orage et de la petite excommunication lancée sur nous par ceux qui se disent généralement les grands pontifes de la tolérance, une foule manifestement sympathique nous environne. « Vive l'ambulance! » crient ceux qui sont échelonnés sur notre passage. « Vive Saint-Etienne! » crions-nous de tous nos poumons; et l'on se sourit, comme entre gens qui se comprennent; et les mains se serrent dans de significatives étreintes, et quelques regards se mouillent; et l'or du riche, comme le denier de la veuve et

---

(1) J'ajouterai, pour être juste, que sous la porte cochère de la maison Colcombet, M. César Bertholon, préfet de la Loire, nous adressa quelques patriotiques paroles, destinées, sans doute, à effacer l'impression mauvaise produite sur la population stéphanoise par la décision mesquine de M. le maire de la ville.

le sou de l'ouvrier, tombent avec profusion dans les chapeaux, les parapluies, les képis de quêteurs improvisés (1). Flattés et fiers de cette démonstration aussi cordiale que spontanée, nous nous promettons tous de faire largement notre devoir et de rester dignes de ceux qui nous envoient.

Mais passons rapidement. Des plumes mieux taillées que la nôtre ont raconté ce départ dont le souvenir ne s'effacera jamais de notre mémoire. (2)

Au buffet de la gare, Messieurs les membres du comité ont l'amabilité de nous offrir un dîner d'adieu. Le dîner terminé, nous sautons dans des voitures de 3e classe. Parlez-moi de cela, c'est démocratique ou je ne m'y connais pas. Quelques minutes plus tard la locomotive sifflait, et nous partions pour Orléans.

Quelles étaient alors les impressions vraies de mes camarades? Je l'ignore, mais je crois que sous notre gaîté factice et bruyante se cachaient bien des préoccupations. Les entraînements du départ avaient disparu. Nous nous retrouvions seuls avec nous-mêmes et avec la réalité. Le pays, la famille, les amis, tous les souvenirs et toutes les affections s'éloignaient à chaque instant. Nous étions là 32, jeunes, décidés, pleins de force et de vie. Reviendrions-nous tous?

Nous ne devions pas nous trouver en première ligne au feu, mais n'aurions-nous pas toujours notre champ de bataille à nous, l'hôpital, l'ambulance, où, pour

(1) Cette quête, faite sur le seul parcours de l'hôtel de ville à la gare, produisit 5,000 fr.
(2) *Mémorial de la Loire* du 27 novembre.

être plus obscure, la mort, on me permettra de le dire, n'en est pas moins menaçante et méritoire (1).

Ces réflexions, que chacun se faisait sans doute tout en les cachant soigneusement à son voisin, et que le lecteur voudra bien mettre sur le compte de la faiblesse humaine, pouvaient porter à une regrettable mélancolie. On le comprit et on les chassa.

La jeunesse a de l'entrain, c'est un de ses privilèges. Bientôt on chante; la pluie des calembourgs se mêle de faire à la pluie du ciel une concurrence des plus déloyales, et, somme toute, on arrive sans presque s'en douter à Saint-Germain-des-Fossés. Là, le fameux crieur, au mastodontal larynx, appelle tranquillement et de sa plus belle voix, les voyageurs pour la ligne de Moulins, Saincaize, Nevers, Montargis, Fontainebleau, Paris. Ou l'habitude est décidément une seconde nature, ou notre crieur n'est pas précisément au courant des nouvelles de la guerre. Paris! Paris! et les Prussiens?

A Saincaize, on annonce quelque chose comme cinq minutes d'arrêt; mais ces cinq minutes se trouvent élevées à la N^{ne} puissance, et, mollement bercés par l'espérance de partir d'une seconde à l'autre, nous restons juste trois heures 1/2 sur la voie, à 500 mètres de la gare, dans un wagon isolé, au beau milieu de la

---

(1) En Crimée, sur un effectif de 450 médecins, 82 moururent : 58 du typhus au lit de leurs malades, 24 de blessures, du choléra ou de la dyssenterie. Aucun corps d'officiers ne fit de semblables pertes. Proportionnellement, il mourut deux fois plus de médecins que de soldats.

nuit, songeant avec mélancolie aux charmes de ces tamponnements si fréquents sur la ligne P.-L.-M. Pour comble d'infortune, une cinquantaine de wagons, chargés d'affûts de canon, nous brûlent bravement la politesse et partent avant nous. A vrai dire, ce manque de délicatesse n'a rien de bien surprenant à une époque civilisée comme la nôtre, où ce qui détruit est plus honoré que ce qui conserve. Tout le monde connaît l'excellent M. Chassepot, le non moins excellent M. Dreysse, et le dernier des gamins vous parlera des canons Krupp, des carabines Enfield ou Remington ; mais qui connaît, par exemple, le nom de l'anglais Jackson, auquel l'humanité est redevable de la découverte de l'anesthésie par l'emploi de l'éther et du chloroforme ?

A Bourges, où nous déjeunons à la vapeur, nous voyons partir pour Tours 1,500 gendarmes. Quel splendide régiment ! S'il était là pour une parade, on serait dans l'admiration ; mais comment éprouver autre chose que de la pitié, lorsqu'on songe que pour défendre l'honneur et le sol, tous ces braves soldats laissent derrière eux des femmes et des enfants. Aux barrières de la gare, quelques-unes de ces pauvres femmes, tenant leurs petits enfants par la main, pleurent en embrassant une dernière fois leurs maris.

A Bourges, nous voyons encore passer des Allemands faits prisonniers à Châtillon et que l'on dirige par les voies détournées sur Cherbourg. Ce sont, pour la plupart, des Hessois ou des Wurtembergeois ; mais il y a parmi eux du Prussien, de ce Prussien maudit, principe de tous nos désastres. Ces prisonniers ne paraissent pas trop mécontents de leur sort. Si leurs habits ne sont pas de première fraîcheur, en revanche leurs mines sont bonnes et quelques grosses figures s'épanouissent aux portières. J'aime à croire que la *pière* et la *joucroute* allemandes y sont pour beaucoup ; toutefois, rien ne me répond que les *champons* de nos paysans et le pétillant vin de notre Champagne n'y soient pas pour quelque chose. Nous leur avions un peu trop dit, à ces blonds enfants de la vieille Germanie, que leur grand Rhin allemand avait tenu dans notre verre. Ils nous le font expier.

Après 26 heures de chemin de fer, nous arrivons le dimanche, 27 novembre, à huit heures du soir, à Orléans.

Ce nom d'Orléans évoque deux souvenirs historiques qui sont pour nous deux espoirs. Ce fut sous les remparts de cette ville que les Huns, les Slaves et les Germains d'Attilla rencontrèrent, en 451, la résistance qui permit à Aétius de les écraser dans les champs Catalauniques. Ce fut encore d'Orléans que partit avec Jeanne-d'Arc le signal de la délivrance de la France. Puisse l'Allemand d'aujourd'hui avoir le sort du Hun et de l'Anglais!

Tandis que nous pataugeons dans la boue, qu'entretient une fine pluie, notre intendant s'occupe de nous trouver bon souper et bon gîte. Au sortir de table, on boucle lestement les sacs, et muni de son billet de logement, chacun pour commencer la vie de campagne se met à la recherche de son habitant. Mais il est près de dix heures. Ces bons Orléanais débarrassés enfin des Bavarois de von der Tann, qui ont dû, plus d'une fois, tourmenter leur sommeil, oublient ce passé de misère dans les bras du divin Morphée, et c'est à peine si nous trouvons pour nous orienter dans la ville, quelque naturel attardé. Nécessité ne connaissant pas de loi, on fait un peu de trapèze aux sonnettes, et finalement l'habitant, dans le simple appareil, ouvre son logement avec une humeur plus ou moins parfaite, suivant que son sommeil était plus ou moins profond. Dame ! cela se conçoit ; mais la conclusion que nous pûmes tirer de cette première réception, fut que nos intérêts nous commandaient à tous d'approfondir de notre mieux ce qu'un plaisant de nos amis appelait, par un néologisme coupable, l'*incoliculture* ou la science de l'habitant. Politesse, bonne humeur, modération dans les demandes ; tels sont les grands éléments de succès auprès de l'habitant. Ne le brusquez jamais, et s'il vous fait l'honneur de causer avec vous, ce qui est déjà d'un excellent pronostic, répondez invariablement comme le Pandore de Nadaud : « Brigadier, vous avez raison! » Un exemple : à Orléans, je tombe chez un petit rentier, bonapartiste forcené. Le brave homme, qui en était, entre parenthèse, à son 95me billet de logement, Bavarois compris, voyant que je ne le contrariais guère dans l'exposition de ses idées, finit par verser tous ses chagrins dans mon âme. « L'empereur, Monsieur, s'écriait-il avec de gros yeux et des gestes tout à fait convaincus, l'empereur, les rouges l'ont trahi à Sedan. Ils avaient mis du sable dans les cartouches de nos soldats! Oui, du sable, je le sais, j'en suis sûr. » En temps ordinaire, cette façon d'écrire l'histoire m'eût fait bondir mais ce soir-là je m'abstins, et ne dis même pas à mon habitant qu'il aurait grandement besoin de se faire doucher. En revanche, il paya la chartreuse et mit une couverture de plus au lit.

28 novembre.

Tandis que notre chirurgien en chef et notre intendant cherchent les autorités militaires pour les prier de nous utiliser sans délai, nous parcourons la ville. Fortement imposée et réquisitionnée par les ogres prussiens, qui digèrent un million comme une choucroûte, elle a relativement peu souffert du bombardement lors de l'entrée des Bavarois. Cependant, quelques traces d'obus se voient encore sur les toits ardoisés, surtout aux abords de la place Jeanne-d'Arc, plus endommagée que les autres quartiers, parce qu'elle se trouve dans le voisinage de la cathédrale, et que les hautes tours de ce monument grandiose, servaient de point de mire aux artilleurs allemands. On dit ce peuple ami des arts. Il est vrai que chacun comprend le culte du beau à sa manière, même dans la patrie de Winkelmann. — Sur la place Jeanne-d'Arc, on nous montre un cercle, parfaitement bien organisé, que les officiers bavarois avaient loué ou réquisitionné pour toute la saison. Malheureusement, ces messieurs avaient compté sans le général d'Aurelle de Paladines, qui a été assez peu courtois pour les troubler dans leurs quartiers d'hiver. Furieux de ce petit contre-temps, ces prophètes de malheur ont juré aux Orléanais, sans doute pour les consoler de leur départ, qu'ils se retiraient devant des forces supérieures, mais qu'ils reviendraient sûrement sous peu. Nous verrons bien. Leur retraite, à la suite de notre victoire de Coulmiers, paraît, du reste, s'être effectuée dans le plus grand ordre. Les régiments casernés dans Orléans quittèrent la ville, musique en tête.

Sans être parfaitement rassuré, on paraît avoir bon espoir ici; mais enfin, ceci n'a pas empêché de jeter deux ponts de bateaux sur la Loire, pour le cas où notre armée devrait se replier (style officiel) ! — Sur les quais, des marins mettent à l'eau des chaloupes canonnières, dont les deux yeux, représentés par deux pièces de gros calibre, auront pour mission de surveiller la rive droite de la Loire. Trois cent mille hommes comme ces vieux loups de mer, au teint basané, à l'air décidé et bon enfant, aux mains calleuses, et nous pourrions bien avoir raison de tous les buveurs de bière d'outre-Rhin, comme de tous les canons se chargeant par la culasse.

Dans les groupes, on commente le succès que nous avons remporté avant-hier à Montargis, d'où les Allemands ont été chassés. On affirme également qu'ils ont été refoulés dans Beaune-la-Rolande.

Quelques anciens camarades d'étude, que nous rencontrons dans la ville et qui donnent leurs soins aux blessés de Coulmiers, nous prédisent que, grâce à l'affection dont l'Internationale est l'objet de la part des intendances militaires et de la chirurgie officielle, nous ne pourrons pas de sitôt entrer en ligne. La perspective de nous croiser les bras à Orléans, alors que par intervalles nous entendons déjà le bruit lointain du canon, cette perspective, dis-je, nous sourit médiocrement. Quelques-uns pensent que l'on devra partir pour l'armée de Kératry, peu pourvue de médecins, à ce que l'on assure, si d'ici à deux jours nous ne sommes pas attachés définitivement à l'armée de la Loire. Fort heureusement, nos craintes étaient vaines, et nous apprenons le soir qu'en face du désir hautement manifesté par nos chefs, de nous voir utilisés sans délai, M. l'intendant général nous a donné l'autorisation de partir demain pour Bellegarde où se trouve le quartier général du 18me corps d'armée. Tout est bien qui finit bien, comme dit une comédie de Shakespeare.

29 novembre.

A 10 heures 1/4, on fait l'appel devant la cathédrale et nous partons lestement du pied gauche, sur la route qui va d'Orléans à Châteauneuf par Saint-Denis. Nos voitures, très chargées, nous suivent au pas. A cinq heures nous entrons dans Châteauneuf après une étape de 26 kilomètres.

C'est là que la guerre nous apparaît pour la première fois avec ses navrantes réalités ; car, à peine arrivés, on nous demande auprès des blessés évacués récemment de Bellegarde. Dans les services de chirurgie des hôpitaux, nous avions vu, pour la plupart, bien des souffrances. Jamais cependant, nous ne nous étions sentis remués comme à la vue des effroyables désordres, des épouvantables traumatismes produits par les projectiles de la guerre moderne. Quoi ! l'homme n'a donc pas en lui et hors de lui, assez de causes de maladies et de mort, pour que son intelligence travaille encore au perfectionnement barbare des moyens de destruction ! Tous ces membres brisés, déchirés, fouillés en tous sens par des éclats d'obus, toutes ces poitrines ouvertes par des balles, tous ces visages affreusement pâlis ; tous ces regards éteints ; toutes ces plaintes déchirantes ; tous ces cris arrachés par la douleur, tout cela nous disait l'atrocité de la guerre et l'immensité des misères que nous serions appelés à secourir.

A notre entrée dans Châteauneuf, un habitant nous prie de nous rendre auprès d'un officier supérieur français, qui, prévenu du passage d'une ambulance, réclamait la visite d'un chirurgien. A la suite du docteur Riembault nous pénétrons dans une maison d'apparence modeste, et, à notre grande surprise, nous avons le triste bonheur de donner nos premiers soins dans cette campagne à un compatriote, M. de la Tour du Pin, commandant du 2me bataillon des mobiles de la Loire, blessé à Beaune-la-Rolande d'une balle au bras et à l'épaule.

Nous établissons un quartier général dans l'auberge où nous devons prendre nos repas, puis chirurgiens, aide-chirurgiens et infirmiers se divisent en petites sections et l'on procède au pansement de nos soldats, soit dans les maisons particulières qui les ont charitablement recueillis, soit dans certains locaux transformés en ambulances par les soins de la municipalité. La plupart de ces blessés ont été frappés à Beaune-la-Rolande. Ils s'accordent à dire que nous avons été écrasés par les Prussiens fortement retranchés dans les maisons (1). Plusieurs zouaves nous affirment que leur régiment, le 3me, une première fois décimé à Wissembourg, a eu la moitié de son effectif hors de combat et que presque tous leurs officiers ont été atteints.

Suivant l'usage, l'artillerie nous aurait manqué

(1) On lisait dans une dépêche officielle de Tours, du 29 novembre : « Des engagements assez vifs, qui ont duré de 8 heures 1/2 du matin à 7 heures du soir, ont eu lieu hier sur le front de l'armée de la Loire, entre Pithiviers et Montargis. Sur les divers points, l'ennemi a été successivement repoussé avec des pertes sensibles. » Le combat de Beaune-la-Rolande, le plus sanglant de tous les combats livrés par l'aile droite de l'armée de la Loire, fut complètement passé sous silence dans les dépêches françaises, mais il fut mentionné, comme un succès important pour les armées allemandes, dans un télégramme du roi Guillaume à la reine Augusta et trois télégrammes du général de Podbielski. Les Prussiens, qui furent vainqueurs et combattirent dans d'excellentes positions, avouèrent de leur côté 1,000 hommes mis hors de combat. Par le chiffre de leurs pertes on peut juger des nôtres. Les combats de Beaune-la-Rollande, Lorcy, Juranville, les Cotelles, Maizières coûtèrent à notre corps d'armée, le 18e, de 1,500 à 2,000 hommes, tués ou blessés. Beaune-la-Rolande fut attaqué de front par le 20e corps, et sur la droite par le 18e. De suite après cette malheureuse affaire, le commandement de ces deux corps d'armée passa du général Crouzat au général Bourbaki.

ou serait arrivée trop tard. Les mobiles de la Loire, (2ᵐᵉ bataillon de Roanne) et ceux de la Haute-Loire ont été fort éprouvés. Somme toute, c'est une défaite, et nous commençons la campagne sous de bien mauvais auspices. Quand donc changera la fortune des armes et la destinée de la France sera-t-elle toujours de sacrifier ses enfants pour être toujours vaincue?

Nos pansements nous ont occupés plusieurs heures. Ce travail triste et inattendu est loin de nous avoir reposé de l'étape de la journée, mais nous sommes heureux d'avoir déjà fait quelque bien. Ces pauvres soldats nous disent merci d'un si grand cœur!

A onze heures du soir, on vient chercher notre garde de nuit pour des blessés arrivés de Bellegarde et que les habitants se sont partagés, faute de place aux ambulances. Dans chaque maison, les ménagères émues et troublées attisent rapidement le feu, préparent du bouillon ou du vin chaud, et ces soldats transis de froid, oubliant momentanément leurs blessures, retrouvent, en voyant flamber l'âtre, quelque chose de cette vieille et proverbiale gaîté qui n'abandonne le soldat français que lorsque la souffrance l'a totalement brisé. Parmi ces blessés se trouve un Alsacien d'une quarantaine d'années, franc tireur de Keller, auquel nous extrayons une balle à la partie inférieure et interne du bras. « Faut que je la garde pour la faire voir à ma femme, s'écrie-t-il, le premier moment de douleur passé. Ah! les gueux! les gueux! les brigands! ajoute-t-il, en considérant sous toutes ses faces, pendant que nous épongeons sa plaie, le projectile qui l'a frappé. Quand ils ont passé chez nous, au commencement de la guerre, ils ont tout pillé; ils m'ont pris mes deux vaches, et pour paiement *y* m'envoient ça! »

A une heure et demie du matin, tout notre travail est terminé.

30 septembre.

On commence la journée par quelques pansements que l'on a tenu à renouveler avant de partir. Hier et aujourd'hui nous avons donné des soins à cent cinquante hommes.

Au moment du déjeuner, nous voyons passer devant nous, se dirigeant vers l'église, le convoi d'un pauvre zouave. Ces funérailles ont je ne sais quoi de profondément triste. Quinze ou vingt soldats de toutes armes, blessés plus ou moins légèrement, accompagnent à sa dernière demeure, dans une terre inconnue, la dépouille de leur camarade. Mais point de famille, point d'amis!

A dix heures, nous partons pour Bellegarde, situé à 25 kilomètres de Châteauneuf. La route qui y conduit, à travers la belle forêt d'Orléans, est vraiment superbe. Le génie l'a coupée en plusieurs endroits et dans un détour, nécessité par une de ces interruptions, nous cassons, grâce aux inégalités du terrain, un ressort d'une de nos voitures. Çà et là, des tranchées, des épaulements pour les batteries, des abattis d'arbres, des fossés de tirailleurs. Espérons que notre armée ne se trouvera pas dans la nécessité d'utiliser ces travaux défensifs pour une nouvelle retraite, et qu'après tant de revers, nous reprendrons enfin la vieille devise du pays de France : « En avant ! partout et toujours en avant ! »

A 15 kilomètres de Bellegarde, nous entendons tonner le canon dans le lointain. Le vent, la solitude, le calme profond de la campagne qui nous entoure, apportent, bruyantes à nos oreilles, ces détonations dont l'air est ébranlé. Involontairement, on se sent remué, et tout ce qu'il y a de sensibilité dans l'âme frissonne. Le canon ! cela veut dire que des hommes se tuent et demandent au calcul le moyen d'attenter efficacement à ce qu'il y a de plus sacré ici-bas, la vie humaine. Le canon ! c'est bien toujours la dernière raison des rois; la dernière raison de ceux qui n'ont pas de raisons. Nobles rêveurs, si l'on veut, mais enfin rêveurs et utopistes, ceux qui croyaient que le sentiment du droit devait être désormais le levier du monde politique moderne. Vous combattez pour défendre votre sol et ce premier bien des nations comme des individus, votre honneur. Vous parlez de la justice qui défend d'ériger en système l'écrasement du faible par le fort; le canon vous répond qu'il n'y a plus d'autre droit que la force. Les obus ont remplacé les syllogismes.

Nous continuons notre chemin, et d'un pas d'autant plus alerte, que le froid est plus vif. A 10 kilomètres en avant de Bellegarde, nous voyons se dérouler sur la route une longue file de voitures d'approvisionnements ou de bagages, qui se dirigent du côté d'Orléans. Derrière, suivent des fourgons du train des équipages et quelques compagnies de mobiles. Reculerions-nous encore? Inquiets, nous nous arrêtons quelques instants pour interroger les conducteurs et les soldats. « Nous avons été battus et nous décampons » disent les uns. « C'est un mouvement tournant » disent les autres. Les mouvements tournants! hélas, nous ne les connaissons que trop !... Désireux de nous renseigner au juste, nous pressons le pas et nous arrivons bien vite à Bellegarde. Mais là, même incertitude. On sait seulement que l'on se bat à quelques kilomètres, dans la direction du Nord, car le bruit du canon est peu éloigné. De l'infanterie, des cuirassiers et une ou deux batteries d'artillerie, partent du côté de Maizières et de Boiscommuns. Des troupes de toutes armes encombrent littéralement Bellegarde. Sur la place, où nous stationnons sans dételer, en attendant les ordres de l'état-major du 18me corps, des lanciers battent la semelle au pied de leurs chevaux. Bientôt le bruit du canon s'éloigne ; les coups sont aussi moins fréquents. Finalement tout se tait et on entend dire dans les groupes que les nouvelles sont bonnes. Nous aurions remporté un succès à Maizières. Bravo !

En conséquence de cet avantage, on dételle, après avoir trouvé, non sans peine, une écurie pour nos onze chevaux. Attirés par le drapeau de Genève, nous pénétrons dans l'église et nous y trouvons une ambulance lyonnaise sous la direction du docteur Ollier. On pratique une résection du coude à un fantassin, auquel un éclat d'obus a broyé le bras à son extrémité inférieure. Blessés et malades reposent sur la paille. Nous voudrions, nous aussi, nous mettre immédiatement à l'œuvre, mais deux ou trois ambulances arrivées à Bellegarde quelques jours avant nous, occupent tous les locaux disponibles.

Cependant, la marche et le froid ont creusé dans nos jeunes estomacs d'insondables abîmes, et comme la nature a horreur du vide, chacun se répand dans la ville, « *quærens quid devoret.* » — La charcuterie, le fromage, sont déjà des mythes dans ce petit chef-lieu de canton, que traversent des milliers d'hommes, tous plus affamés les uns que les autres. Avec un peu de diplomatie et beaucoup de patience, nous finissons par trouver du pain ; puis nous nous réunissons dans la cour où sont remisées nos voitures, et le cercle se forme autour d'un petit tonneau sur lequel reposent de précieuses salaisons. Grâce aux sardines et au vin dont la sage prévoyance du comité organisateur de notre ambulance a garni nos caissons, nous réussissons assez bien à combler des lacunes très-regrettables, et à faire de la chaleur animale par le procédé que tout le monde connaît.

Sur ces entrefaites, un médecin de cavalerie vient nous dire qu'il y a des blessés à Maizières, où l'on s'est battu, et que nous rendrions probablement des services en nous y transportant de suite. Vite, on attelle deux breaks ; on se munit au galop d'appareils à fractures, de gouttières, de brancards, de tous les objets de pansement nécessaires, et, à cinq heures du soir, nous partons huit ou dix sous la direction du docteur Riembault. A peine sortis de Bellegarde, nous croisons des troupes au milieu desquelles nous n'avançons que bien lentement, afin de n'écraser personne. Infanterie, moblots, artilleurs, hussards, dragons et lanciers, regagnent leurs campements, car la nuit tombe et quelques étoiles brillent déjà au ciel. Dans les rangs, on cause bien un peu, en suivant le chemin; parfois même on entend résonner quelque énergique juron, lancé par un cavalier de mauvaise humeur à son cheval qui n'en peut davantage; somme toute, cependant, peu de bruit, presque du silence parmi ces hommes. La journée a dû être rude ; quelques camarades, pleins de force et de vie le matin, dorment là-bas, dans les champs glacés, du sommeil dont on ne se réveille pas, et ceux qui les ont vus tomber y songent. « *Hodie mihi, cras tibi,* » aujourd'hui à moi, demain à toi. Voilà la guerre.

Tout en réfléchissant ainsi à la fragilité de la vie humaine et aux charmes de la guerre avec 12 ou 14 degrés au-dessous de zéro, nous avançons. Bien au loin déjà les feux de bivouac commencent à embraser la campagne. C'est d'un effet bizarre, grandiose, fantastique. Le calme le plus profond règne tout autour de nous dans ces plaines, où demain peut-être la mort passera avec fracas.

Vainement comptons-nous trouver à chaque instant quelques soldats d'avant-postes ou de grand-gardes,

Personne pour nous crier le traditionnel « qui vive ? » et nous donner un renseignement. Si nous faisions partie des regiments d'espions si bien organisés par M. de Bismark, nous aurions ma foi beau jeu, pour passer dans les lignes prussiennes et renseigner les allemands, nos frères, sur le nombre et la situation des troupes françaises. A la fin, cependant, nous rencontrons un officier supérieur, qui ralentit le pas de son cheval et se place derrière nos voitures. Nous lui demandons où est Maizières et quel chemin pourrait nous y conduire?

— « Maizières? le voilà, nous répond ce commandant, en nous montrant à l'est, dans l'obscurité, un point embrasé. La route qui y mène est là, sur la droite.

— « Maizières est-il à nous ou aux Allemands?

— « Dame, je ne sais trop. Ce qui est sûr, c'est qu'on s'y est battu. Je crois que le village brûle.

— « Peut-on s'aventurer un peu de ces côtés-là, sans courir la chance de se faire pincer?

— « Ma foi, ça n'est peut-être pas très-sain. Nous sommes tout au plus ici à deux ou trois kilomètres des Prussiens et, comme vous le voyez, je me cache prudemment derrière vos voitures. Si quelque chose bouge, je tourne bride au galop, car je ne me suis pas échappé de Metz pour me faire bêtement prendre ici. Je cherche mon général, le général de... L'avez vous vu?

— « Non.

— « Bonsoir.

— « Bonsoir.

Quelques minutes après, cet officier reprenait la route de Bellegarde. Nous nous avançâmes encore un peu ; mais que fallait-il faire ? Défoncé et étroit, le chemin que nous avait indiqué le commandant était totalement impraticable pour nos voitures. Le village de Maizières paraissait en flammes, et nous ignorions s'il était au pouvoir des nôtres ou de l'ennemi. En nous aventurant plus loin, nous courions risque d'être pris par les Prussiens et renvoyés dans nos foyers après un petit voyage circulaire à travers la Lorraine, l'Alsace, le grand duché de Bade et la Suisse, car MM. les Allemands ont pour habitude de ne jamais rendre de suite les ambulances qui, ayant franchi leurs lignes, ont pu voir ce qui s'y passait. En outre, nous étions venus sans mission, sans ordre et rien ne nous disait en dernier lieu, que les blessés de la journée fussent plutôt à Maizières, qui paraisait incendié, que dans un des villages voisins. Eu égard à toutes ces considérations, on décide de revenir à Bellegarde, quitte à en repartir le lendemain au point du jour, lorsque nous aurions acquis la certitude que nous pouvions être utiles à Maizières. On tourne bride, et à 8 heures nous arrivons à Bellegarde où nous retrouvons nos camarades.

On étend quelques peaux de mouton à terre, et on s'y repose de son mieux des fatigues du jour, tout en se réchauffant à la flamme d'un grand feu allumé en plein air. On s'asseoirait presque volontiers sur la braise, tant le froid est vif. Et dire que par cette température hyperboréenne, des milliers d'hommes dorment ou ne dorment pas à la belle étoile. Même en décembre, la voûte azurée des cieux est une adorable chose, à la condition toutefois qu'elle ne serve point de couverture.

A huit heures et demie, on enlève d'assaut une petite salle à manger que des religieuses ont bien voulu nous prêter et chacun tombe sur le bœuf avec la *furia francese*. Un peu plus tard, nous nous dirigeons vers nos appartements, qui sont représentés, les uns par un hangard découvert, exposé à tous les vents, les autres par une sellerie de gendarmes. Grâce aux nombreuses fentes d'une porte vermoulue, l'air, dont les effluves ne sont pas chaudes, pénètre dans ladite sellerie, et, cependant, nous sommes si heureux de posséder cet abri pour la nuit que, les mains solennellement étendues, nous jurons tous, de ne plus fredonner de notre vie certaine chanson de Nadaud où le corps des gendarmes n'est pas traité avec les égards qui lui sont dus. On transforme les sacs en oreillers ; quelques bottes de paille étendues à terre nous dispensent d'entretenir avec les cailloux pointus du sol des relations trop intimes ; on se couvre de peaux de mouton que la providence, agissant par l'intermédiaire de sa succursale de Saint-Etienne, paraît nous avoir envoyées tout exprès pour cette occasion, et : Bonne nuit ! Nos pauvres soldats sont loin d'être aussi fortunés que nous !

1er décembre.

Ceux d'entre nous qui ont couché sous le hangar

sont à moitié cristallisés, tant le froid a été vif. Gare aux angines et à toute la série des inflammations terminées en *ite* : trachéite, laryngite, bronchite, etc. Chez les gendarmes, on a été moins mal. Cependant personne ne se réveille en chantant : « Ah! quel plaisir d'être soldat! » Scribe! Boïeldieu! quels farceurs! Ici, la guerre ne se fait pas comme à l'opéra comique.

A dix heures, l'intendant en chef nous envoie chercher des ordres au quartier général du 18me corps à Chicamour, situé sur la route d'Orléans, à 10 ou 12 kilomètres de Bellegarde. Chicamour! si ce petit endroit n'a pas volé son nom, nous y serons bien. L'artillerie et le train des équipages cheminent dans la même direction que nous, mais on nous rassure sur cette marche en arrière, en nous disant que c'est tout simplement un mouvement de concentration. Un vieux soldat du 1er bataillon d'Afrique, chevronné, grisonnant, médaillé ; bref, un vieux lapin, nous demande la permission de faire quelques kilomètres sur nos voitures. Il était à Maizières hier. Belle occasion pour nous de savoir ce qui s'y est passé. D'après cette vieille moustache, qui nous paraît honnête, calme, nullement fanfaronne, Maizières était occupé par 700 tirailleurs algériens et par 450 hommes du 1er bataillon d'Afrique, leurs inséparables camarades, car le turco ne se bat vraiment bien que lorsqu'il touche le coude des zouaves ou des bataillons d'Afrique. Soudain, à 8 heures, une épouvantable grêle d'obus tombe sur le village. Les Prussiens nous servaient la soupe. L'église de Maizières, transformée en ambulance, devait être protégée par le drapeau de la convention de Genève arborée sur le clocher, mais, grâce à la myopie que l'on dit endémique et même épidémique chez eux, les Allemands n'aperçurent pas le drapeau de la croix rouge. En quinze minutes toutefois, le petit clocher fut démonté par leurs pointeurs, ce qui prouve que tout a une limite en ce monde, même la myopie d'un prussien. La sérénade de ces messieurs annonçait un tel nombre d'instrumentistes, que nos hommes, dépourvus d'artillerie et craignant justement d'être débordés, résolurent d'abandonner le village et de se replier sur Bellegarde. Ils s'éloignent, mais bientôt leurs officiers les entraînent et commandent volte-face. Ils reviennent sur leurs pas, traversent Maizières à la course, la baïonnette en avant, et repoussent l'infanterie prussienne. Secourus par un escadron du 4me lanciers et une batterie d'artillerie, et, utilisant en vieux troupiers tous les accidents du terrain, ces 450 hommes du 1er bataillon d'Afrique et ces 700 turcos gardèrent finalement Maizières contre des forces qui peuvent être estimées sans exagération à 5,000 hommes (1). « J'avons rudement tapé dans le tas, disait ce bon vieux soldat, dont la physionomie s'épanouissait à ce

---

(1) Ces chiffres me furent confirmés le soir par plusieurs officiers du 4° lanciers, dont un escadron donna dans cette affaire. J'insiste, pour montrer qu'à artillerie égale, avec un commandement plus intelligent, une autre intendance et de vrais soldats (non des soldats de deux mois) nous eussions pu soutenir avec succès la lutte, deux contre trois. C'est, je crois, l'opinion de tous les hommes spéciaux qui ont étudié cette guerre de près. Maizières était le point de jonction du 18° corps avec le 20°. A la suite de ce succès, le 18° corps continua un mouvement sur la gauche qui devait le rapprocher d'Orléans.

souvenir. Quand le curé qui déménageait ses blessés de l'église nous vit courir comme ça, y nous dit : « Allez, mes enfants, et sauvez mes blessés ! »

« Les Prussiens craignent c'te baïonnette comme le diable. Leur infanterie ne tient pas, y sont trop mous, voyez-vous ; mais, c'est cette s... artillerie ! y nous abîment, quoi ! A Beaune, l'autre jour, sans la nuit et des luzernes, j'étions tous rincés. (1) Les gueux avaient grimpé un canon jusque dans le clocher. Et puis, les mobiles nous lâchent. Ah ! ça ne va plus comme autre fois ! » et le vieux troupier hochait tristement la tête.

Tout en devisant ainsi, nous arrivons à Chicamour, microscopique hameau, représenté par quelques fermes et un château. Nous demandons le quartier général du 18me corps d'armée, mais personne ici ne soupçonne son existence. L'intendance à qui nous devons d'avoir fait 12 kilomètres pour le roi de Prusse a voulu sans doute nous faire bénéficier des avantages d'une gymnastique honnête et modérée. Il serait injuste de lui garder rancune à cette chère intendance, car, après tout, il lui est bien permis d'ignorer si le quartier général du 18me corps, est à Bellegarde, Chicamour ou Tombouctou !

Partis le matin à peu près à jeun, afin d'arriver plus vite, nous procédons à l'installation de ce qu'on appelle en langage de troupiers une *popote*. Un paysan

---

(1) Le combat de Beaune-la-Rolande, réduisit à 450 hommes, 500 au plus, le 1er bataillon d'Afrique. Ce furent ces 450 survivants qui donnèrent encore à Maizières.

affolé de la terreur des Prussiens, nous cède pour 12 francs quatre poulets et un jeune mouton. Pendant que les uns procèdent à l'hécatombe des volailles, les autres saignent et écorchent « de la douceur le tendre emblème ! » Puisque les boucheries humaines conduisent à l'immortalité ceux qui les pratiquent avec succès, on peut bien, sans être féroce, ne pas reculer devant l'immolation d'un mouton.

Des francs tireurs de Nice passent sur la route. Un de leurs lieutenants s'arrête, et nous prie de donner place un instant à notre foyer à sa jeune femme transie de froid, ainsi qu'à la femme et à l'enfant d'un capitaine de ses amis. Ces deux dames, infirmières volontaires, portent le brassard de l'Internationale et font campagne avec leurs maris qu'elles n'ont point voulu quitter. Le moutard, un gamin de 7 ans, à mine fraîche et réveillée, n'a pas l'air de se douter qu'il *va-t-en* guerre et que, d'un instant à l'autre, une balle peut le rendre orphelin. Que diable est-il venu faire dans cette galère ?

A cinq heures et demie, on nous dit qu'un convoi de blessés est arrivé à Bellegarde et que nous rendrions un grand service, si nous voulions bien nous y transporter. Nous ne demandons pas mieux. On attelle un breack et nous partons cinq avec le docteur Riembault. Si les blessés sont nombreux, nos camarades que nous laissons à Chicamour, nous rejoindront rapidement.

Comme hier, la nuit est splendide, tout illuminée d'étoiles. Le ciel s'obstine à faire la fête, quand la terre est en deuil. Nous arrivons à Bellegarde, mais

Bellegarde n'a point reçu de nouveaux blessés. C'est encore une fausse alerte. Nous ne sommes cependant pas créés et mis au monde pour courir sans cesse sur les grands chemins, comme paraissent le croire les intendances qui nous donnent des ordres.

L'ambulance du docteur Ollier, obligée de suivre son corps d'armée, le 20me, a été remplacée dans l'église par une ambulance militaire. Nous nous y rendons, avec l'intention d'offrir nos services à MM. les chirurgiens militaires. Quelques infirmiers ont seuls, pour le moment du moins, la surveillance des malades. A la lumière incertaine d'une mauvaise chandelle et sans autorisation préalable, ce qui constitue un grave attentat aux règles sacrées de la hiérarchie, nous nous permettons de procéder à quelques pansements urgents. Nous plaçons, entre autres, un appareil à fracture à un jeune turco de 16 ans, auquel un éclat d'obus a brisé le bras à Maizières. On a dit que l'idéal de l'ambulance était de faire beaucoup avec peu. Cela est juste, souvent même cela est possible; mais ce qui est plus difficile, c'est de faire quelque chose avec rien; or, il n'y a rien dans cette salle que l'on dirait abandonnée, rien, absolument rien, pas même un mauvais chaudron qui nous permette de tiédir l'eau nécessaire pour déterger les plaies. Nous ne trouvons que ce que nous avons eu la précaution d'apporter nous-mêmes. Notre jeune turco n'entend pas un traître mot de français, et, pour lui faire comprendre dans quelle position il doit se coucher sur la paille pour éviter à son bras et tiraillements douloureux et mauvaise attitude, le docteur

Riembault est obligé de s'y étendre lui-même. Faute de mieux, nous recouvrons d'un peu de paille le sac de notre blessé, et voilà pour soutenir son bras brisé un coussin improvisé. Pauvres gens! maudite guerre!

En fouillant soigneusement le village nous finissons par trouver 500 grammes de pain et quelques cotelettes d'un mouton, abattu depuis une heure. Nous les présentons nous-mêmes à un simulacre de feu, qu'une aubergiste, à force de supplications, a bien voulu mettre à notre disposition, et nous engloutissons le tout, sans regarder si la viande est brûlée d'un côté, crue de l'autre. Avec ce froid, on digérerait des rochers volcaniques.

A neuf heures du soir, on nous annonce une grande nouvelle. Trochu a franchi les lignes prussiennes, et ses communications, avec notre armée de la Loire, sont libres. « Demain nous aurons des détails, nous disent quelques officiers pleins de joie, mais les faits sont exacts. La dépêche est au grand quartier général. » Si cette nouvelle se confirme, quel immense bonheur pour la France! L'heure de la revanche commencerait donc à sonner pour elle! Tout cela est si beau qu'on ose à peine y croire. Le malheur fait douter du bonheur. Attendons.

2 décembre.

Le dégagement de Paris est confirmé. Une dépêche officielle de Gambetta, placardée à la porte de la mairie et que chacun lit avec une avidité fiévreuse, annonce que l'on s'est battu sous les murs de Paris, les 28, 29 et 30 septembre. L'armée, soutenue par la garde nationale, est sortie sur plusieurs points à la fois. Le feu des forts a fait éprouver aux armées allemandes un mal épouvantable et le général Ducrot est en Normandie.

En lisant ces lignes, les physionomies, hier encore sombres et soucieuses, se transfigurent, s'épanouissent, s'illuminent comme par enchantement. Les mains se serrent, on s'embrasserait volontiers. Encore un effort énergique, un effort d'ensemble, et la France, notre chère France, est sauvée. Après Metz et Sédan, le Prussien la croyait bien morte. Elle dormait; car elle ne pouvait mourir, malgré ses fautes, la nation qui s'est toujours fait le champion des justes causes et qui a versé son sang pour tant de peuples.

Les troupes qui avaient paru se replier la veille du côté d'Orléans reviennent sur leurs pas. La confiance renaît; de toutes parts on répète qu'il y aura aujourd'hui un engagement général, parce que l'on veut profiter de la démoralisation nécessairement produite sur les troupes allemandes par les nouvelles de Paris. En ce moment, les divers corps de l'armée de la Loire occupent la ligne qui va de Montargis à Arthenay par Maizières, Montbarrois et Neuville. Ils vont marcher en avant pour opérer, coûte que coûte, leur jonction à Pithiviers et essayer de donner la main au brave général Ducrot. D'Aurelle et Ducrot réunis! Mais ce serait peut-être la victoire définitive et complète, la délivrance de la capitale, le pays sauvé! Que Dieu protège la France!

A huit heures on entend le premier coup de canon, en avant de Maizières. Le canon! qu'il tonne jusqu'à ce qu'il n'y ait plus en France que des Français. Le droit c'est la force, dites-vous! Eh bien! soit; la France vous montrera, malgré ses défaites, qu'elle est toujours une force. Nous ne sommes encore ni l'héroïque et infortuné Danemark, qu'au mépris des traités et du droit des gens, vous avez indignement écrasé en 1864, ni le duché de Nassau, ni le Hanovre, ni la Hesse électorale, ni la ville jadis libre de Francfort, ni les duchés de Sleswig-Holstein, que vous vous êtes annexés de par le droit du plus fort en 1866; nous ne sommes pas même l'Autriche et vous apprendrez, à vos dépens, qu'un Sadowa ne suffit pas pour nous faire signer un traité de Prague! (1)

A quatre heures du soir, nos camarades arrivent avec le matériel. Pendant leur court séjour à Chicamour, ils ont détaché une escouade à Sury-aux-Bois, village voisin, où des blessés réclamaient des soins. En outre, ils se sont ménagé quinze lits au château de Chicamour, qui recevra très probablement nos grands opérés. On nous fait espérer que demain nous pourrons prendre la direction d'un service régulier.

---

(1) Les événements devaient me donner un triste démenti. Comme l'Autriche, la France a eu son traité de Prague, mais dans ce journal, fait d'impressions, j'ai tenu à dire quelles étaient le 2 décembre 1870, nos illusions et nos espérances. Les unes et les autres ne furent jamais plus complètes.

Contre les prévisions générales, il n'y a pas eu de bataille aujourd'hui ; tout s'est borné à une canonnade et une fusillade de quelques heures, mais la grande affaire n'est vraisemblablement pas différée de beaucoup, car, à la nuit tombante, on évacue sur Gien les malades qui se trouvent dans l'église de Bellegarde. Cette évacuation, à laquelle nous prêtons notre concours en transportant et plaçant les hommes sur les voitures de réquisition qui les attendent, a quelque chose de bien triste. Le froid est si glacial, que nous grelottons littéralement, nous qui sommes cependant chaudement couverts, et tous ces malheureux blessés, incomplétement guéris, avec des vêtements légers ou en lambeaux, vont voyager toute la nuit, n'ayant pour se protéger, sur les charrettes découvertes qui les emportent, qu'une mauvaise toile à demi déchirée.

3 décembre.

Au matin, nous prenons possession de l'église évacuée la veille au soir par l'ambulance militaire. Nos infirmiers débutent par un nettoyage général dont le besoin se faisait vivement sentir ; l'atmosphère est en même temps renouvelée par l'établissement de nombreux courants d'air. Les dimensions de l'église de Bellegarde, qui est une église *crucifère*, sont assez vastes. Dans toute l'étendue du temple les chaises sont remplacées par des bancs fermés mesurant approximativement, en longueur 2 mètres, en largeur

1 mètre 20, en hauteur 1 mètre. Faute de matelas et de paille nous garnissons de foin l'intérieur de ces bancs, et chacun d'eux se transforme en une petite couchette sur laquelle un homme pourra se reposer sans courir le risque d'être envahi par les garnisons de son voisin, s'il n'est pas habité lui-même.

Dans l'une des deux vastes chapelles formées par les deux bras de la croix, nous transportons le linge à pansements, le matériel pharmaceutique et chirurgical. Pour éviter, autant que possible, la confusion qu'entraînera l'encombrement auquel nous nous attendons, on numérote les bancs et le docteur Riembault fixe l'ordre du service, les gardes de jour et de nuit.

Les portes sont à peine ouvertes que malades et blessés ne tardent pas à affluer. On se dispute les places comme si nous mettions à la disposition de toutes ces souffrances, l'hôpital le plus somptueux du monde. Un sourire de bonheur effleure les lèvres de ces pauvres soldats, lorsqu'ils aperçoivent au milieu de l'église le poêle que nous y avons installé et autour duquel les moins malades vont se ranger. La satisfaction est aussi grande et les yeux brillent du même éclat de joie, lorsque la visite faite et les médicaments donnés, nous procédons aux distributions de potage, de bœuf et de pain. Certes le menu est des plus modestes et nos cuisiniers improvisés n'ont pas la prétention d'être des Vatel; mais pour ces hommes littéralement exténués, tout est bon, tout est parfait. C'est un chassé-croisé d'exclamations toutes plus enthousiastes les unes que les autres. « Comme ça vous réchauffe ! Comme ça vous remonte ! Hein, en v'là du bœuf ! Les Prussiens nous auraient pas le poil si on nous donnait des munitions comme ça ! »

Un turco blessé, type kabyle splendide, nous explique dans un langage indéfinissable et à peu près incompréhensible, que nous l'avons oublié à la distribution. Pour le dédommager de cet oubli bien involontaire, nous lui donnons double ration, et le fils du prophète de sourire alors, en nous montrant ses dents d'ivoire. Peu après un chasseur à pied, chevronné, appelle celui d'entre nous qui avait fait servir le turco :

— Vous savez, mon major, le turco vous en a tiré une fière carrotte !

— Comment ? Une carotte ! Quelle carotte ?

— Parbleu, il était servi et sa ration de bœuf est cachée dans le foin. Ah ! vous les connaissez pas encore ces lapins-là. Moi, je les ai vus en Afrique et en Italie. Ça se bat bien, mais ça est voleur ! ça est voleur ! »

Le chasseur avait raison. Quelques secondes après, lorsque le turco ne se crût plus observé, deux rations de bœuf s'étalèrent majestueusement sur son pain. Par bonheur, Mahomet est un bon père et ne refuse pas son paradis pour des peccadilles semblables.

Pendant cette journée du 3 décembre, tout le monde est sur le pont, tout le monde s'occupe, et cependant notre besogne à la fois bien pénible et bien utile, se

4

termine à peine à huit heures du soir. A dix heures, nous arrivent, des avant-postes, une douzaine d'hommes blessés. C'est pitié de voir ces malheureux transis de froid. « Du feu! du feu! » Voilà ce qu'ils nous demandent tous avec un accent déchirant que je ne saurais rendre, mais dont je n'ai pas perdu le souvenir. Le froid leur a fait oublier leurs blessures. Nous les réchauffons de notre mieux, puis nous les pansons, sous la surveillance et la direction du docteur Riembault, que nous trouvons toujours le premier à la peine.

Le calme le plus profond ne tarde pas à régner dans l'église. Pauvres gens! comme ils sont heureux de dormir sous un toit, sans crainte des obus!

4 décembre.

Deux hémorrhagies survenues et arrêtées pendant la nuit, nous ont démontré la nécessité des gardes de nuit dont nous nous ne affranchirons du reste jamais.

Trois blessés, désespérés la veille, sont morts au matin. Notre nécrologe commence. Quand finira-t-il?

L'emploi de notre journée se règle conformément au programme adopté par nos chefs. Le matin, visite des chirurgiens, opérations et déjeuner. Le soir, distribution des médicaments, pansements, contre-visite et dîner.

Obligés de créer des places aux blessés et aux malades qui nous arrivent sans cesse, nous devons, dès notre premier jour d'ambulance, choisir pour une évacuation, les hommes qui peuvent supporter le moins difficilement un transport. Ce mouvement perpétuel d'entrées et de sorties, d'admissions et de renvois ne constitue pas la moindre partie de notre travail. Pénible pour les chirurgiens et infiniment plus encore pour les malades, qui partent incomplétement guéris, ce service n'en est pas moins d'une importance capitale et d'une nécessité absolue. Aussi, les hommes les plus autorisés en ces matières l'ont-ils unanimement et énergiquement conseillé. « Suivant le genre de guerre, la marche plus ou moins rapide des corps de troupes, la nature et les ressources des localités, la proximité ou l'éloignement des hôpitaux pouvant recueillir des malades, la tâche des ambulances diffère beaucoup ; mais, dans bien des cas, l'évacuation de tous les hommes capables de supporter une locomotion active, mixte ou passive, doit être leur règle impérieuse, leur mot d'ordre permanent ; car elles ont pour mission de faire ce qui est urgent et de laisser à d'autres mains, à d'autres établissements, le soin de reprendre, de corriger, de compléter les premiers actes de la chirurgie. A ce prix seulement, l'armée sera assurée des premiers secours, et les dangers de l'encombrement, c'est-à-dire de l'infection et de la contagion, seront écartés. » (1)

(1) C'est à dessein que je cite ces paroles d'un éminent hygiéniste, M. Michel Lévy. Plus d'une fois, en effet, pendant le cours de notre campagne, nous entendîmes formuler contre nous, des plaintes et des reproches par les personnes qui voyaient passer nos convois d'évacués.

Nos blessés proviennent, dans des proportions différentes, des combats de Beaune-la-Rolande, Juranville, Maizières, Saint-Loup-des-Vignes, Boiscommuns, Ladon, Fréville, Montliard, etc., etc. Plusieurs soldats que nous interrogeons séparément, afin de contrôler les assertions les unes par les autres, nous confirment ce que l'on nous a déjà dit au sujet des affaires de Beaune-la-Rolande et de Maizières. Tous sont unanimes à reconnaître que l'artillerie allemande nous fait un mal épouvantable, par le nombre de ses pièces, la longue portée, la rapidité et la précision de son tir.

Les affections diverses des voies respiratoires et la dyssenterie dominent parmi les maladies internes, plus nombreuses encore que les blessures.

On parle beaucoup moins des nouvelles de Paris portées hier à notre connaissance, et la bataille à laquelle on s'attendait aujourd'hui n'a pas eu lieu. Les incrédules murmurent dans les groupes que Bismark, le fin compère, pourrait bien avoir rédigé la dépêche signée Gambetta. C'est pousser le scepticisme un peu trop loin.

Vers la fin du dîner, en guise de Champagne, le docteur Riembault nous annonce qu'il a reçu des journaux de Saint-Etienne. Cette communication produit sur nous l'effet d'une commotion électrique. Le cercle se forme, et, en attendant leur lecture, nous buvons

« Ces gens-là, ne sont pas guéris » disait l'un. « C'est pitié de voir mettre en chemin de fer des hommes qui demanderaient encore des soins, » ajoutait un autre. Nul ne songeait que l'inexorable nécessité nous prescrivait de faire la part du feu, et, puisque nous ne pouvions conserver tous nos malades, de renvoyer du moins les moins souffrants.

ces chers journaux des yeux. Allons ! nous ne sommes pas encore de fiers soldats. Sans nouvelles du pays, de la famille et des amis, depuis huit jours à peine, il nous semble que nous les avons quittés depuis un siècle. Il faudra pourtant bien se blinder un peu.

« Conticuère omnes, intentique ora tenebant. »

Attentif, chacun se tait. Le cercle se resserre ; on se penche en avant comme pour mieux entendre : alors, le docteur Riembault nous lit au milieu d'un profond silence, ce que les feuilles locales ont bien voulu écrire au sujet de notre départ. Elles ont affirmé que nous ferions tous notre devoir. Merci à elles. Nous essaierons de montrer qu'elles n'en ont point menti. A Bellegarde, nous avons déjà donné des soins à 264 blessés ou malades, sans comprendre dans ce chiffre, tous les hommes exténués que nous avons conservés à l'armée en leur donnant, au moment opportun, du repos, de la nourriture et quelques tricots pour se garantir du froid.

5 décembre

Nous nous levons sous le coup d'une épouvantable nouvelle. Notre armée se replie ! Elle bat en retraite, Elle recule pour appeler une fois pour toutes, les choses par leur nom. Pendant la nuit, les troupes ont remonté précipitamment dans la direction de Châteauneuf. Sans savoir bien au juste ce qui s'est passé, on raconte qu'à la suite d'une grande bataille livrée en avant d'Orléans, d'Aurelle de Paladines a dû reculer devant le prince Frédéric-Charles, et que, complétement coupés, nous sommes encore menacés d'être enveloppés dans un mouvement tournant. Tandis que les Allemands nous amusaient avec les combats de Beaune et de Maizières, et paraissaient devoir prononcer contre nous leur effort principal, le gros de leurs troupes se portait contre Orléans. Encore une fois nous avons été joués. Allons! nous ne sommes pas de taille à nous mesurer avec ces gens-là et la fatalité nous poursuit.

M. l'intendant Loubens met à notre disposition un grand nombre de voitures réquisitionnées à la hâte, et nous ordonne d'évacuer en deux heures, sans perdre une seconde, tous nos malades sur Gien. Ils seront dirigés sur cette localité, par une route différente de celle que prennent les troupes, afin d'éviter l'encombrement. Avant le départ, nous procédons à une large distribution de chaussettes, bas, plastrons, tricots de laine ou de flanelle; puis tous nos blessés sont placés sur les charrettes. On désigne un aide-chirurgien pour les accompagner. Peut-être ne reviendra-t-il pas, car on dit déjà menacée par les Prussiens la route que prend le convoi d'évacuation et qui va de Bellegarde à Gien par Lorris.

L'évacuation terminée, nous chargeons nos voitures. Ce n'est pas un travail insignifiant, car, rien n'ayant pu faire pressentir les tristes éventualités qui viennent de fondre sur nous, tout le matériel avait été déballé. On part à peu près à jeun pour gagner du temps. A trois heures et demie, nous sommes à Châteauneuf où nous devons forcément passer la nuit. La situation est vraiment grave. Dans le village, on affirme que les Prussiens ont réoccupé Orléans hier, à huit heures du soir. Ils sont donc à 25 kilomètres d'ici. Fort heureusement, le génie a pu couper les routes en plusieurs endroits, entre Orléans et Châteauneuf, et les premiers uhlans ne peuvent guère arriver que dans la soirée de demain. La consternation est générale. Chacun tremble à ce mot de Prussiens, comme on tremblait en 1815, quand on criait dans nos villages : « Les Cosaques! les Cosaques! » Dans l'auberge où nous trouvons un dîner, à la condition de mettre nous-mêmes la main à la poêle, on emballe à la hâte tout ce qui peut être facilement dissimulé et emporté. Au milieu du repas, quelques officiers supérieurs entrent dans la salle où nous nous trouvons. L'un d'eux, à qui nous offrons une place à notre table, est M. Huot de Neuvier, intendant général de notre corps d'armée, le 18me. Le hasard ayant fait que nous nous trouvions placé à côté de lui, la conversation s'engage sur le sujet qui absorbe les préoccupations de tous, la situation présente et ses causes. « Notre malheur en France, nous dit M. de Neuvier, que je cite de mémoire, mais fidèlement, notre malheur est d'aller toujours aux extrêmes. Pour un rien, nous crions que tout est sauvé, pour un rien encore, que tout est perdu. Personne ne sait garder le juste milieu. A vrai dire, nous n'avons plus d'hommes, au sens large du mot. Il y a peu, bien peu d'énergie, d'abnégation. Les causes de nos malheurs sont évidemment multiples, et la responsabilité de ce qui s'est passé doit, en toute justice, retomber un peu sur tout le monde, mais, pour mon compte, je n'hésite pas à expliquer en grande partie nos désastres par le fait suivant. L'idée supérieure, chrétienne, du dévouement et du sacrifice, a été bannie de notre société. On a dit sur tous les tons que tout devait converger vers le moi. On a proposé le bien-être personnel comme l'objectif à peu près unique de toute vie ; on recueille aujourd'hui le fruit de ces doctrines. A l'armée, comme ailleurs, chez le soldat comme chez l'officier, le moi passe avant tout, avant le commandement, avant la discipline, avant l'amour de la patrie que les fins laissent aux imbéciles, avant le devoir qui est presque toujours synonyme de sacrifice, et c'est ainsi que nous arrivons aux débâcles. »

Hélas ! tout cela n'est que trop vrai. L'individualisme a remplacé le dévouement, ce grand faiseur de miracles ; or, comme l'a si bien dit Benjamin Constant, quand il n'y a que des individus, il n'y a que de la poussière, et si l'orage vient, la poussière est de la boue.

On se sépare à neuf heures du soir, après quelques pansements faits dans la ville, et en convenant que, si des circonstances imprévues nécessitent notre départ pendant la nuit, la trompe d'appel nous préviendra.

Je suis logé avec un de mes camarades dans une mansarde des plus pauvres. La porte vitrée sert de fenêtre. Déchirés comme la couverture, les draps du mauvais lit, sur lequel nous dormirons si bien, ne brillent guère par leur blancheur ; mais nous sommes reçus avec cette cordialité simple et touchante, qui est si souvent l'apanage du pauvre et qui transforme, embellit tout ce qu'elle offre. « Chauffez-vous bien, chauffez-vous bien, nous dit, en jetant quelques sarments au feu, une bonne vieille de 60 à 70 ans. Nous vous recevons bien mal, mais nous vous donnons tout ce que nous avons; » et la bonne femme disait vrai, car son fils nous cédait son lit. Elle et lui avaient recueilli sur le chemin un pauvre turco à moitié gelé, et qui, étendu près du foyer, sur une couche de paille, dormait du plus profond des sommeils.

A deux heures du matin, nous sommes réveillés brusquement. C'est un rappel de cavalerie. Au milieu du silence de la nuit et dans les tristes circonstances que nous traversons, cette sonnerie monotone et répétée a je ne sais quoi de lugubre. Hélas! elle semble crier à nos pauvres soldats, que les minutes sont des heures, qu'il faut marcher sans songer au sommeil, à la fatigue et au froid, que le Prussien nous traque, et que la France vaincue recule, elle qui jadis ne savait qu'avancer!

6 décembre

Pendant la nuit, la ville a été constamment traversée par de l'infanterie, de la cavalerie et beaucoup d'artillerie. Quand nos chevaux sont ferrés et que tout est prêt, il est dix heures; nous avons une étape de 22 à 24 kilomètres jusqu'à Sully, vers lequel nous nous dirigeons par la route qui passe à Germigny-des-Prés et Saint-Denis.

Durant toute cette étape, nous assistons à un spectacle navrant, dont le souvenir ne s'effacera jamais de notre mémoire. De Châteauneuf à Sully, nous passons en effet au milieu de 3 ou 4,000 trainards disséminés sur la route. Dans le nombre, il y a bien des lâches, beaucoup de ces soldats sans discipline, sans courage et sans cœur, qui jettent la désorganisation dans les armées, compromettent les meilleures opérations et ne sont bons qu'à toucher une solde et des vivres. Ceux-là, sans avoir encore l'habitude du métier, nous les reconnaissons bien vite. Quoiqu'à l'extrême arrière-garde, ils marchent fort lestement. La fatigue ne les a pas tués, parce que ces gens-là ne se prodiguent pas et trouvent toujours le moyen d'éviter les corvées. Ils rient, ils chantent, comme si nous n'étions pas vaincus, comme si le Prussien n'était pas acharné à la poursuite. La France! l'Allemagne! ces mots que l'on peut très-bien comprendre, sans avoir pris ses grades, et que l'on comprend toujours si quelque chose bat sous la mamelle gauche, ces mots-là ne leur disent rien. Ils ne caressent plus qu'un rêve; se faire prendre par une patrouille de uhlans et en finir au plus vite avec ce métier qui est bien pénible, bien dûr sans doute, mais que l'on ne peut cependant déserter sans forfaire à l'honneur, parce que le devoir est là...

Mais les autres, ceux qui souffrent, ceux dont les forces ont trahi le courage, oh! comme ils sont à plaindre, comme ils font pitié! Déguenillés, exténués, affamés peut-être, les traits douloureusement contractés, grelottant dans de mauvaises capotes déchirées, toussant affreusement, les pieds à demi-nus, ou enveloppés de linges sâles et flétris, ils se traînent lentement, péniblement sur la route, se servant de leur chassepot comme d'un bâton. Plusieurs, à bout de forces, se laissent tomber dans les fossés ou sur les talus qui bordent les chemins, attendant sans doute la mort, ou une pitié qui ne viendra pas, car chacun passe indifférent. C'est à peine si l'on daigne jeter un regard de compassion à ces malheureux. On dirait que l'habitude de voir souffrir beaucoup a blasé tous ces hommes, comme si le peu de compassion dont dispose le cœur humain s'affaiblissait en proportion de la surface à laquelle il s'étend. Réchauffer, relever un peu avec une goutte de vieux cognac, les infortunés que nous trouvons étendus sur la route, c'est là tout ce que nous pouvons faire, car point de maisons pour les abriter, point de voitures pour les transporter.

Il y a là des hommes de tous costumes et de toutes armes, mais les mobiles forment l'immense partie de ce triste contingent, et cela n'a rien que de très-naturel. Mal équipés, avec des fournitures de qualité férieure, des capotes légères, des chaussures mal cousues, n'ayant pas l'habitude de la marche et du havre sac, obligés de bivouaquer sans avoir cette aptitude à bien s'organiser que le soldat n'acquiert qu'à la longue, ils restent bientôt en arrière. Les colonnes s'allongent et ils ne peuvent arriver à temps pour avoir leur part des distributions de vivres, quand ces distributions se font. Toujours et fatalement en arrière, le désespoir les gagne ; ils errent de régiment en régiment ; les pieds s'excorient, se tuméfient, finalement refusent le service, et ces malheureux n'ont plus alors qu'une ressource, s'étendre dans les fossés où nous les voyons. Avec la neige et le froid, plus d'un sans doute sera mort demain, et, comparaissant devant Dieu, pourra lui dire ce que font sur la terre, ces rois qui se proclament envoyés par sa grâce, et qui, au soir d'un massacre humain, le blasphèment en le bénissant.

Voilà la guerre ! que ne l'ont-ils vue, ceux qui en parlent le cœur léger !

A mi-chemin de Saint-Benoît et de Saint-Père, la route que nous suivons côtoie pour ainsi dire la Loire. Soudain, à 500 mètres en avant de nous, nous entendons une fusillade qui, commençant d'abord par des décharges isolées, finit par atteindre les proportions d'un feu de tirailleurs bien nourri. Notre première pensée, (nous ne pouvons guère en avoir d'autre), est que les Allemands précipitant leur marche, ont réussi à passer la Loire à Jargeau, qu'ils remontent la rive gauche du fleuve, et viennent d'engager le feu avec les nôtres placés sur la rive droite. A l'endroit où nous nous trouvons, la route suffisamment encaissée pour que nous ne puissions rien découvrir sur la droite, forme en outre une rampe assez forte. La fusillade partant du versant opposé, nous pressons le pas pour voir ce dont il s'agit. Notre inquiétude était bien vaine. Tout ce bruit est le fait de misérables qui brûlent tranquillement leurs cartouches à casser les glaçons que charrie le fleuve. Et puis, ils crieront à qui voudra les entendre, qu'on les envoie au feu sans munitions, que leurs chefs les trahissent, que l'armée est vendue. En vain, essayons-nous de leur démontrer que leurs cartouches ne sont pas faites pour un semblable usage, qu'ils jettent bien inutilement l'alarme dans la colonne et peuvent occasionner de graves accidents. Ils nous regardent d'un air stupide, et ne s'arrêtent au moment où nous leur parlons, que pour recommencer une minute après. Désireux de mettre fin à ce gaspillage de poudre, nous cherchons de tous côtés et avec la plus grande attention, quelques officiers ; nous ne trouvons pas même un sergent, et il y a là plus d'un millier d'hommes !

Un encombrement incroyable se produit au pont de Sully, où nous n'arrivons qu'après plus d'une halte et plus d'un effort. Tout le monde veut passer à la fois ; on s'entasse à qui mieux mieux, comme pour vite jeter le fleuve entre les Allemands et soi. Le pont ploie et gémit sous le poids énorme qu'il supporte.

Dans Sully, c'est une confusion sans nom, un tohubohu général. Pourrait-il en être autrement, quand une avalanche de 30,000 hommes s'abat subitement sur une ville de 3,000 âmes ? (1) Grâce à l'intelligente et infatigable sollicitude de notre cher intendant, nous trouvons, après trois heures de recherches, une écurie

---

(1) Le 18ᵉ corps passa la Loire à Sully ; le 20ᵉ à Jargeau. Le tablier en bois du pont de Sully fut brûlé le 5 au soir.

pour nos chevaux, deux chambres, quatre lits et de la paille. C'est mille fois plus que nous n'osions espérer, car tout nous faisait pressentir une nuit à la belle étoile, et il y a je ne sais plus combien de degrés de froid.

Sur les sept heures du soir, j'aperçois des artilleurs enveloppés dans leurs grands manteaux noirs, et campés sur leur selle. Ils attendent, depuis longtemps, qu'on leur assigne des positions. « Eh bien! artilleur, dis-je à l'un d'eux, ça ne roule guère, les affaires? «

— « Pas guère, mon major ; que ça roule encore quèque temps comme ça, et nous crèverons avec nos chevaux. Il y a trois jours que nous n'avons pas dételé. On a le ventre creux, et on peut cependant pas ronger les affûts de canon comme ces chevaux que vous voyez-là ! Ça serait quasi temps que ça finisse, ce métier-là. »

L'artilleur a raison. Encore quelques semaines semblables, et notre armée comptera 50,000 malades sur un effectif de 80,000 hommes.

7 décembre.

A neuf heures du matin, nous partons pour Gien. C'est encore un étape de 25 à 26 kilomètres.

De Sully à Gien, les troupes que nous croisons et qui appartiennent pour la plupart au 18me corps, ne nous présentent pas le spectacle écœurant d'hier. C'est moins triste, et cependant c'est encore bien fait pour jeter la désolation dans l'âme et donner à croire que tout est fatalement fini pour la France. Que tenter, en effet, avec ces hommes fatigués, amaigris, éprouvés au physique et au moral par les rigueurs du climat et celles de la fortune ? Comme toujours, les mobiles sont les plus maltraités. Les pauvres garçons ! ce n'est pas leur faute, s'ils ne peuvent remporter des victoires. On ne s'improvise pas soldat en un jour, alors surtout qu'il faut se battre avec des vêtements en loques et des souliers dont les semelles sont de carton. Le bataillon de Sambre-et-Meuse avait au moins des sabots.

Un peu avant Saint-Gaudon, nous rencontrons quelques compagnies de ces mobiles qui attirent notre attention par le délabrement incroyable dans lequel elles se trouvent.

« De quel département êtes vous donc ? » demandons-nous à un groupe de ces jeunes gens.

« Vous ne le voyez pas, répond l'un d'eux avec un triste sourire, nous sommes du Cher, » et il nous montrait son pantalon fendu jusqu'au genou. De vieux troupiers nous ont cependant affirmé que les mobiles de ce département, remarquables entre tous par la mauvaise qualité de leurs équipements, s'étaient admirablement conduits à Beaune-la-Rolande et à Ladon.

A la vue du dénuement de nos troupes, on est pris de colère et d'indignation. Quand donc viendront les enquêtes publiques ? Quand donc la justice flétrira-t-elle comme ils le méritent, ces administrateurs et ces fournisseurs éhontés qui, spéculant sur les malheurs du pays, ont choisi pour leurs infâmes tripots, le moment où la France se saignait aux quatre veines pour faire face à l'étranger. La France ! elle n'a marchandé dans cette guerre maudite, ni son or qu'on lui a demandé par millions et milliards, ni son sang ; mais elle n'a pas donné ses enfants, la fleur, la richesse, l'avenir de la nation, pour qu'on les envoie au feu sans vêtements, sans souliers, sans nourriture. Qu'on ne nous parle pas, à propos de pareils crimes, des pénalités ridicules de l'amende et de la prison. Il ne s'agit pas ici d'établir des distinctions subtiles, de torturer les définitions, d'ergoter sur les mots. Les vols qui conduisent à la mort des milliers d'individus, ne sont plus des vols, mais bien des assassinats. La justice et la morale demandent qu'ils soient punis comme tels. Qu'en passant dans un village, un soldat vole quelques misérables bouteilles de vin, on le saisit, on le juge sommairement et on le fusille contre le premier mur venu. On le fusille, parce qu'il le faut, parce que la discipline, sans laquelle il n'y a point d'armée, réclame ces terribles exemples, et on craindrait de frapper ceux dont les vols se chiffrent par centaines de mille de francs ! ceux qui nous ont tué plus d'hommes que les Prussiens ! ceux qui ont vendu du papier pour du drap, du carton pour du cuir, de la ferraille pour des armes ! Quoi ! on laisserait sans châtiment les fonctionnaires qui, prêtant la main à ces honteuses spéculations, n'ont vu dans la guerre à outrance qu'un moyen fort commode de s'enrichir à outrance ? Quoi ! on passerait l'éponge sur toutes ces turpitudes, parce que les coupables sont ou trop nombreux, ou trop haut placés? Mais alors, à quoi servent les bagnes? (1)

Comme pour nous faire oublier les mobiles et nous montrer que la France avait encore de vrais soldats, nous croisons un peu plus loin un bataillon de chasseurs à pied, dont l'allure, eu égard aux circonstances, est franchement crâne. En dépit de tout, ces hommes ont gardé cette tournure martiale caractéristique des

---

(1) Je crois pouvoir affirmer que le tableau de cette déplorable retraite de l'aile droite de l'armée de la Loire, est loin d'être chargé, car avant tout, dans ce récit, comme dans celui de la campagne entière, j'ai cherché à être vrai et à ne parler que de ce que nous avions bien vu. Tandis que nous nous acheminions vers Bourges, que se passait-il dans les corps d'armée qui, placés sous le général d'Aurelle de Paladines, supportèrent le choc du prince Frédéric-Charles, et durent lui abandonner Orléans pour se replier sur le Mans? Je l'ignore, mais il est naturel d'admettre que leur retraite fut encore plus désastreuse que la nôtre, puisqu'elle s'opérait après une défaite, tandis que la première armée, dont nous faisions partie, n'avait été ni attaquée sérieusement, ni battue. De Tours, cependant, on ne craignait pas d'écrire à la province les monstruosités suivantes que nous lûmes plus tard dans les journaux. « Les nouvelles reçues jusqu'à présent disent que la retraite des corps d'armée s'est accomplie *dans les meilleures conditions possibles*. Nous espérons reprendre bientôt l'offensive. *Le moral des troupes est excellent.* » (Circulaire du ministre de l'intérieur aux préfets, du 5 décembre.) Et ailleurs, « Je suis informé que les bruits les plus alarmants sont répandus sur la situation de l'armée de la Loire. Démentez *hardiment* toutes ces mauvaises nouvelles, colportées par la malveillance dans le but de provoquer le découragement, la démoralisation. Vous serez strictement dans le vrai, en affirmant que notre armée est en ce moment dans d'excellentes conditions, que le matériel est intact ou renfoncé ; qu'elle se dispose à reprendre la lutte contre l'envahisseur. » (Dépêche du ministre de l'intérieur aux préfets, du 6 décembre.) Un ton plus haut, et le ministre de l'intérieur eût dit, comme le général de Palikao quelques jours avant Sedan : « Si la province savait ce que je sais de l'armée de la Loire, elle illuminerait ! » Tout cela rappelle le mot d'Alphonse Karr : « La politique, plus ça change et plus c'est toujours la même chose. »

troupes d'élite. Ils marchent d'un pas régulier, ferme, nerveux. « Appuyez à droite ; appuyez à gauche. » commandent les officiers pour laisser passer nos voitures ; et l'ordre à peine donné s'exécute. Aux premières lignes du bataillon, se trouvent trois stéphanois, qui lisant sur nos voitures le nom de Saint-Etienne, nous accostent en patois : « Tais, vouaites de vouai San-Tzième ? » (Tiens! vous êtes de Saint-Etienne ?) Ces quelques mots sont d'un effet magique. C'est la patrie absente qui nous apparaît. Nous faisons un petit kilomètre avec nos trois compatriotes auxquels nous offrons une goutte d'eau-de-vie ; puis nous les quittons, en leur donnant comme adieu le mot sacramentel en temps de guerre : « Bonne chance! »

A peu de distance de là, quelques-uns de nos infirmiers viennent nous dire, qu'en les voyant passer sur la route, un colonel les a apostrophés de ces mots grossiers : « Les voilà encore, ces s..... croix rouges. Ça n'est bon qu'à se promener sur les grands chemins. »

Il en coûte toujours de se voir insulté, surtout lorsqu'on a conscience de faire son devoir, et les paroles de cet officier supérieur... (par les galons, non par l'éducation) nous impressionnent plus désagréablement encore que les dix degrés de froid accusés par le thermomètre. Il est bien difficile de contenter tout le monde et son... colonel ! et puis : « fais ce que dois, dit une vieille devise', advienne que pourra ». N'importe, si nous eussions été assez rapprochés du colonel, nous eussions difficilement résisté au désir de lui répondre : « Eh! mon Dieu, battez-vous un peu mieux, nos bistouris travailleront un peu plus, car pour le plaisir de paraître affairés, nous ne pouvons cependant pas nous amputer bras et jambes ». Ce brave officier a sans doute oublié que dans ce monde d'imperfections, l'indulgence pour autrui doit être une des règles de conduite du sage. S'il n'en était pas ainsi en France, où un travers d'esprit porte à rire de tout, l'on rirait de bien des choses, voir même d'un colonel. Jugez plutôt :

Un de ces jours derniers, à Bellegarde, nous avons entendu, de nos propres oreilles entendu, une singulière réponse. Singulière est d'un bon naturel, comme vous allez voir. Un caporal demandait à un commandant la route de Gien.

« La route de Gien! réplique l'officier supérieur ahuri, stupéfait, mais b... d'âne, si je la connaissais, j'y serais déjà à Gien. »

Gien n'est cependant guère éloigné de Bellegarde, et toute notre armée devait passer par la route que demandait le caporal ; mais Gœthe l'a dit depuis bien longtemps déjà : « Le Français est un monsieur qui porte moustache et qui ne connaît pas la géographie. » (1)

---

(1) A ce sujet, je ne puis résister au désir de transcrire ici une page charmante, extraite du livre de M. Francisque Sarcey : « Le siége de Paris. » Il s'agit de nos officiers.

« Tous braves, ces officiers, depuis le général en chef jusqu'au simple lieutenant ; mais la plupart ignorants et l'esprit imbu de ces préjugés militaires dont l'ensemble compose ce qu'on nomme malignement

Près de Poilly, à quelques kilomètres de Gien, notre intendant, qui dès quatre heures du matin a quitté Sully pour nous chercher une installation, nous annonce qu'une bienveillante châtelaine du voisinage nous prépare une hospitalité plus qu'Ecossaise. Au château de Marcau, nous sommes en effet reçus par Madame de Kouet, avec une grâce et une amabilité parfaites, dont nous aimerons toujours à nous souvenir. En nous faisant de la façon la plus charmante du monde les honneurs de son château, son fils, jeune officier d'administration, nous rappelle avec effusion que nous lui avons offert, sans le connaître, à Chicamour, un cigare de 10 centimes et à un moment où la disette de tabac rendait excessivement rares les into-

---

une culotte de peau. Elle était proverbiale cette ignorance, et il n'y a sorte de bons contes que l'on n'en fit. Un entre mille :

C'était à l'affaire du 2. Nos troupes devaient traverser la Marne. La rivière, à cet endroit, revient sur elle-même après un long détour et forme une presqu'île dont l'isthme s'appelle par une comparaison ingénieuse, la boucle de la Marne.

L'armée passe le pont qui est sur le premier bras et un vieux général, qui marchait en avant, se tourne vers son chef d'état-major :

— Quelle est cette rivière ?
— La Marne, mon général.
— La Marne ! tiens ! je croyais que c'était la Seine qui coulait à Paris.
— Oui, mon général, mais ici c'est la Marne.
— Ah !

On continue de marcher ; on traverse la langue de terre qui sépare les deux bras du fleuve et arrivé sur l'autre pont :

— Et cette rivière ? demande une seconde fois le général.
— C'est la Marne, général.
— Comment ! encore !... et tordant sa moustache d'un air farouche : nous battons donc en retraite !... »

xications par la nicotine. C'était un cigare bien placé et un fumeur convaincu profite de l'occasion pour nous faire observer que, de même qu'un bienfait, un cigare n'est jamais perdu !

Des renseignements pris à Gien auprès des autorités militaires, il paraît résulter que l'on compte opposer ici une résistance sérieuse à l'armée prussienne qui nous poursuit. En prévision de ces événements, nous prenons immédiatement les mesures nécessaires pour transformer en ambulance le château de Marcau qui abrite déjà une vingtaine de malades et de blessés, et que ses propriétaires mettent généreusement à notre entière disposition. Au soir, nous offrons la moitié de notre modeste dîner à une ambulance bourbonnaise, dont une escouade faite prisonnière à Chilleurs-aux-Bois, près Neuville, revient de son petit voyage au milieu des Prussiens de Frédéric-Charles. Nos confrères nous disent que les règles protectrices de la convention de Genève ont été parfaitement observées à leur égard et que contrairement à leur usage, les Allemands leur ont rendu la liberté après un court séjour au milieu d'eux.

Ce qu'ils nous racontent des armées ennemies est peu fait pour flatter notre orgueil national et nous donner l'espoir du succès. L'artillerie prussienne est formidable et ses chevaux parfaitement soignés et entretenus sont vraiment superbes. Le soldat paraît bien équipé et convenablement nourri. Des officiers fort instruits, ayant pour la plupart une connaissance suffisante de la langue française, commandent des troupes admirablement disciplinées. Tout se passe avec ordre, calme et silence. Tout se fait avec une précision et une régularité en quelque sorte mathématiques. Quels contrastes avec notre pauvre armée française, où tout est misère, ignorance et désorganisation !

8 décembre.

Au lever, nous nous apercevons que le château de Marcau est sur un plateau élevé qui en fait une position stratégique importante. A peu de distance de nous, des batteries françaises se sont mises en position, afin de couronner les hauteurs, et si la sérénade commençait, nous pourrions très-bien nous trouver au beau milieu de l'orchestre. Bah ! il faut croire un peu à son étoile et quand on n'a pas ce que l'on aime, aimer ce que l'on a.

Marcau étant sur la rive gauche de la Loire, nous cherchons un second local à Gien, c'est-à-dire sur la rive droite, de telle sorte qu'à cheval sur les deux rives nous puissions facilement nous porter de l'une à l'autre, suivant les nécessités du moment. On s'attend à une affaire sérieuse pour la soirée.

Dans le lointain, du côté d'Ouzouer, mais plus au Nord-Ouest, le canon tonne quoique à intervalles peu rapprochés.

Nos troupes campent aux alentours de Gien, dont on leur a défendu sévèrement l'entrée, afin de leur éviter les inconvénients des cabarets et autres lieux. Sage mesure, car nous ramènerons difficilement la victoire sous nos drapeaux, si nos soldats, comme on l'affirme, abandonnent volontiers Mars, dieu de la guerre, pour rendre leurs hommages à des divinités d'un ordre bien différent, divinités perfides et ingrates, qui renvoient sans pitié leurs adorateurs à notre savant maître Esculape.

Les feux de bivouacs sont entourés de soldats qui s'organisent avec ce savoir faire et cette adresse qui leur sont propres. Sur les trois heures, le bruit du canon se rapproche. Plusieurs régiments traversent la ville, se dirigeant du côté de la gare où ils vont prendre position.

« Attendez un peu, nous crie gaiement en passant devant nous un vieux soldat du 52me de ligne, nous allons vous tailler de la besogne. » Si tous avaient cette insouciance du danger, nos affaires s'en trouveraient probablement un peu mieux, mais on comprend que le cœur batte à ces pauvres mobiles qui, pour la première fois peut-être, verront la mort devant eux, et dont quelques-uns vont au feu avec des fusils à piston (1).

La canonnade grondant de plus en plus, la panique s'empare bientôt de la ville. Les appréhensions sont prises pour des réalités, et on raconte déjà que les maisons voisines de la gare ont reçu quelques obus. Nous avions, à la poste, des lettres impatiemment atten-

---

(1) Les mobiles auxquels je fais allusion étaient ceux de Vaucluse.

dues. Nous courons les chercher, mais dans les bureaux, tout est confusion; les employés font leurs paquets et nous envoient promener. Nous nous réunissons autour du docteur Riembault, et, à travers les terres, nous nous dirigeons vers notre quartier général du château de Marcau pour y attendre les événements et nous préparer à recevoir des blessés. Les gens affolés qui abandonnent précipitamment la ville, et les troupes d'infanterie qui y pénètrent, encombrent le pont de Gien. Une batterie de 12, courant au feu au galop, se fraye difficilement un passage en dépit de tous les jurons de son officier. A voir tant de bruit et d'agitation, on croirait que nous sommes déjà battus et l'affaire commence à peine. Un brouillard des plus intenses nous cache les mouvements de troupes et nous laisse dans l'incertitude la plus complète, comme la plus pénible, au sujet du combat engagé à une distance aussi rapprochée de nous; en revanche, il dissimule les batteries établies autour de Marcau, et par suite nous dispensera peut-être d'entretenir des relations trop dangereuses avec les obus prussiens. Les feux de peloton renforcent le feu de l'artillerie. Les obus que nous suivons parfaitement dans l'air, passent avec un sifflement sinistre, et éclatent avec fracas. Après deux heures et demie de cet effrayant tintamarre, tout rentre insensiblement dans le calme; d'où nous concluons avec bonheur que les Prussiens reculent.

A neuf heures du soir, le docteur Riembault détache une escouade, qui se dirige sur Gien, afin de relever et de panser les blessés. Dans la ville, nous apprenons que ce combat n'a été qu'un combat partiel, provoqué par une reconnaissance d'artillerie prussienne. Les Allemands nous ayant trouvés sur nos gardes, chose assez rare, et se sentant inférieurs en force, se sont tout simplement repliés en bon ordre. Ces gredins-là ne jouent jamais qu'à coup sûr. Ceux des nôtres qui ont été bléssés (ils sont peu nombreux), ont été relevés du champ de bataille. Après des pourparlers sans fin, le maire de Gien nous abandonne pour les convertir en ambulances, les écoles communales, vides d'élèves depuis plusieurs jours. Comme, au dire de nos officiers, les Prussiens ne manqueront pas de revenir demain avec des forces respectables, et que l'on compte les attendre de pied ferme, nous prenons les dispositions nécessaires pour nous trouver au matin, prêts à tout événement.

Sur ces entrefaites, notre intendant rencontre M. de Neuvier, intendant général du 18me corps d'armée, soumet à son approbation ce que nous avons fait, ce que nous nous proposons de faire, et lui demande des instructions. Pour réponse, M. de Neuvier le conduit au rapport du soir des intendants de l'armée, et là, comme instruction unique, mais précise, nous recevons l'ordre formel de partir demain à la pointe du jour pour Sancerre. L'armée recule en toute hâte. Pauvre armée! ses clairons, qui jadis sonnaient toujours joyeusement la charge, ne lui font plus entendre aujourd'hui que la triste sonnerie de la retraite!

Abattus et découragés, nous suspendons tous nos préparatifs. Au moment de repartir pour Marcau, nous cherchons vainement les deux breaks que l'escouade avait amenés avec elle à Gien, pour son transport personnel et celui du matériel à pansements. Voitures, chevaux, cochers, tout a disparu. En fouillant attentivement la ville, nous finissons cependant par rencontrer nos breaks devant l'arsenal, et à notre grande surprise, nous les trouvons chargés de chassepots, entourés d'un colonel d'artillerie et d'un certain nombre de soldats. Interrogés, nos cochers nous répondent qu'ils ont été contraints par la force, à ce service nouveau pour eux.

Il y avait dans ce fait de deux voitures d'ambulance, garanties par le pavillon de l'Internationale, et servant au transport d'un matériel de guerre, une violation formelle de l'esprit, comme de la lettre de la convention de Genève, violation que nous ne pouvions pas, que nous ne devions pas laisser passer inaperçue. Aussi, apostrophant en termes énergiques le colonel qui nous plaçait dans une situation aussi regrettable, notre intendant lui manifeste publiquement sa surprise et son indignation, et lui demande les raisons de sa conduite.

« Mes raisons ? lui répond cet officier avec l'expression de la plus violente colère, mes raisons ? mais nous avons là plus d'un millier de chassepots, et ces chassepots, je ne veux pas les abandonner aux Prussiens qui seront ici demain. Le général en chef m'a prescrit de réquisitionner pour le transport du matériel, tout ce qui me tomberait sous la main. J'ai trouvé vos voitures et je les ai prises. Vous n'avez rien à dire, j'ai des ordres. »

« Moi, j'ai des devoirs, replique notre intendant. Notre brassard nous confère des droits, mais il nous impose aussi des obligations, et nous n'entendons pas plus abdiquer les uns que nous soustraire aux autres. Je comprends votre position et je la regrette ; mais si vous voulez que l'ennemi respecte le drapeau neutre de la convention de Genève qui couvre tous nos blessés, commencez par le respecter vous-même. Nos voitures ont été réquisitionnées par la force ; donc, ma conscience est déchargée, mais je proteste publiquement et de toutes mes forces contre la violence qui nous est faite. »

Intimidé et radouci par ce ferme et juste langage, le colonel nous rendit notre matériel. La haine des Allemands, l'amour de la France, haine et amour que nous ressentions aussi vivement que personne, avaient sans doute inspiré la conduite et dicté les paroles de cet officier supérieur. Il n'en était pas moins complétement, incontestablement dans ses torts. Nous protestions, nous, parce que le devoir prime tous les autres sentiments, même le patriotisme le plus ardent, même la haine de l'étranger, cet étranger fut-il un Prussien. Or, notre devoir nous commandait évidemment d'agir comme nous l'avions fait, puisqu'en revêtant les insignes de la société de secours aux blessés, nous avions contracté l'obligation formelle de ne travailler à la guerre, que pour en diminuer les misères et en soulager les victimes. Notre brassard nous protégeait jusque dans les rangs de l'ennemi, mais c'eût été chose bien coupable, que nous souvenir de nos priviléges pour oublier nos devoirs.

A une heure du matin, l'escouade détachée à Gien, rentrait au château de Marcan.

9 décembre.

Une bonne partie de la nuit a été employée aux préparatifs du départ et au ferrage à glace de nos douze chevaux. Le café pris en deux temps, on part de grand matin, pour coucher à Vailly le soir. C'est une étape de 30 kilomètres.

A peine sortis de Marcau, nous nous heurtons à des obstacles de tout genre, qui doivent entraver constamment notre marche, et la rendre des plus pénibles. Le mouvement de retraite de l'armée, s'étant opéré pendant la nuit avec la plus grande précipitation, le gros des troupes se trouve déjà échelonné sur la route impériale de Gien à Argent, ou sur les embranchements vicinaux qui en partent pour aboutir à Vailly; mais une arrière-garde considérable couvre la retraite, et c'est parallélement à elle que nous marchons.

Fait inouï, ou qui du moins nous paraît tel, cette arrière-garde est presque exclusivement composée de dragons, de lanciers, de carabiniers, de cuirassiers, c'est-à-dire de grosse cavalerie, et le verglas le plus glissant recouvre la route, et, détail caractéristique qui donne une idée de l'imprévoyance et de la désorganisation générales, pas un cheval n'est ferré à glace. Chaque cavalier a mis pied à terre, et tenant sa monture bride serrée, lui évite bien difficilement des glissades à peu près inévitables ; et voilà les hommes qui doivent couvrir l'armée, faire face à l'ennemi s'il se présente, et se porter rapidement sur les points menacés.

Comme conséquence de l'encombrement, tout s'arrête par intervalles, et pour réagir contre le froid, ces hommes fatigués par les marches et les contre-marches, s'enveloppent de leur mieux dans leurs grands manteaux ou font le moulinet avec leurs bras. De distance en distance, dans les fossés, sur les talus qui bordent le chemin, gisent des chevaux morts, d'autres mourants. Une froide bise nous jette parfois au visage la neige qui tombe à gros flocons, et dans la direction de Gien dont nous sommes peu éloignés le canon gronde. Tout cela, au milieu de ce paysage d'hiver, sous ce ciel grisâtre, chargé de neige, est horriblement triste. Pas un mot échangé ! pas un chant ! plus de gaîté ! Pensif et triste, chacun marche sans bruit, la mauvaise humeur, la souffrance, le découragement sur le visage. Seuls, le bruit des chevaux et quelques jurons de colère lancés à ceux qui glissent ou s'abattent, viennent interrompre par moments ce calme et ce silence de mauvais augure.

En assistant à ce lamentable spectacle, on reporte involontairement sa pensée aux effroyables jours de novembre et de décembre 1812. Certes, nous ne sommes pas sur les bords glacés du Niémen, sous une température de 30 degrés de froid, à cinq cents lieues de la France. Nos malheurs sont bien loin d'égaler ceux de cette armée, que l'insatiable et criminelle ambition d'un conquérant jeta aux dernières limites de l'Europe, qui ne débuta par Smolensk et la Moskowa que pour finir à la Bérézina, et qui perdit 300,000 hommes par le froid, la misère et le feu. Mais dans cette campagne de Russie, et dans cette retraite si tristement mémorable de Moscou sur Wilna, il y avait du moins, ce qui ne se rencontre plus guère aujourd'hui, ce que l'historien des luttes de la révolution et du premier empire appelle si justement la consolation des grands désastres, l'héroïsme !

L'héroïsme ! Il était avec tous ces vieux soldats qui, pour leur gloire et notre malheur, avaient fait trembler l'Europe. Il se personnifiait dans ces hommes dont l'histoire conservera les noms : Ney, Davout, Eugène Beauharnais, Murat, Poniatowski, Eblé, Maison, Friand, Gérard, Macdonald, Oudinot, Mortier, Victor, généraux qui marchaient à l'ennemi le bras en écharpe ou la tête bandée, faisaient le coup de feu contre les Cosaques, comme le dernier de leurs soldats, et donnaient l'exemple du courage, en souffrant bravement eux-mêmes. Aujourd'hui, les infortunes sont moins grandes; mais combien les hommes sont plus petits !

L'encombrement de la route empêchant à nos voitures d'avancer, on décide que huit d'entre nous, choisis parmis les marcheurs, prendront les devants pour préparer l'étape à Vailly. Laissant donc le matériel et la plus grande partie du personnel en arrière, nous nous faufilons de notre mieux au travers des hommes et des chevaux, marchant tantôt sur le chemin, tantôt dans les fossés qui le bordent, tantôt enfin à travers les terres couvertes de neige, nous fiant à notre bonne étoile, pour ne pas recevoir quelque coup de pied malencontreux. Séparés à chaque instant les uns des autres, nous nous retrouvons plusieurs fois, pour nous perdre définitivement en dernier lieu. Partis de Gien avec une tasse de café pour tout lest, nous cherchons vainement au petit village d'Autry un déjeuner quelconque. Tout a été enlevé et englouti par les troupes. Que faire? en prendre gaiement son parti et filer du pied gauche à Cernoy avec l'espoir d'y être plus heureux.

Entre Autry et Cernoy, nous rencontrons quelques batteries d'artillerie de 12, qui gravissent péniblement une assez forte rampe. Les attelages sont doublés, et les artilleurs poussent aux roues; mais les pauvres chevaux ne peuvent prendre pied sur ce sol recouvert de glace. Ils soufflent, s'arrêtent malgré les coups, s'abattent, font pitié.

Un peu en avant de ce convoi d'artillerie, un colonel à cheveux grisonnants, marche seul et à pied, l'air soucieux et comme absorbé dans je ne sais quelles tristes méditations. Nous le saluons. Il relève et détourne lentement la tête, nous rend notre salut et semble se plonger à nouveau dans ses réflexions. Jadis, au bon temps, ou du moins dans ce que nous appelions le bon temps, parce qu'à l'imitation de tous les peuples vieillis, nous marchions par le bien être à la décadence ; jadis, quand on voyait passer seul et pensif dans son uniforme sévère, un officier d'artillerie ou du génie, on se disait plaisamment : « En voilà un qui rumine quelque problème d'algèbre ou de trigonométrie transcendante. » Aujourd'hui, les méditations ont dû prendre un tout autre objectif.

A Cernoy, même disette de vivres qu'à Autry. A bout d'expédients, et ne sachant à quel saint nous vouer, nous frappons à la porte du presbytère. Le bon curé de l'endroit nous reçoit avec empressement, et nous transporte au quatrième ciel, en nous offrant du pain, du vin, un peu de viande et du café, c'est-à-dire tout ce qui lui reste après les nombreuses visites que lui ont rendues nos troupiers affamés. Au sortir de ce festin, nous prenons un guide, qui par un chemin de traverse, mais couvert de neige, nous conduit à Vailly, nous permettant ainsi d'éviter les troupes, et de gagner trois ou quatre kilomètres. Dans un cabaret de Sury-aux-Bois, où nous nous arrêtons quelques instants, notre aumônier, un de mes amis et moi, pour reprendre des forces avec un verre de vin chaud, nous trouvons assis à une table deux maréchaux de logis de lanciers, envoyés en avant-garde à Vailly pour y préparer les logements de leurs officiers. Nous les invitons à choquer le verre avec nous. Ils acceptent et nous causons un peu. Ces pauvres soldats sont découragés et nous donnent une idée assez exacte de l'état moral de l'armée. « Nous sommes éreintés, nous disent-ils, par toutes ces marches et contre-marches. Si ça dure quelque temps encore, il n'y aura bientôt plus ni hommes ni chevaux. Dans le régiment, nous avons perdu plus d'un quart de nos bêtes, qui étaient cependant sorties fraîches et bien portantes de la remonte il y a deux mois. Les distributions de vivres se font mal ou ne se font pas ; on mange ou on ne mange pas. Nous sommes à cheval nuit et jour, et on gèle, et nous reculons toujours. Qu'on nous mène à l'ennemi, et qu'on nous fasse tuer une bonne fois au lieu de nous faire mourir de misère et de froid sur les grands chemins. »

C'est en vain que nous essayons de relever le courage de nos deux lanciers, et de leur donner, sur l'issue définitive de la campagne, des espérances que nous n'osons concevoir nous-mêmes. « Non ! non, répond l'un d'eux, ça finira mal. Ça n'est plus une guerre, ça. Voyez-vous, Monsieur, continue-t-il avec une expression de colère, et en baissant le ton pour n'être pas entendu d'un officier qui dévorait quelques œufs dans un coin. Voyez-vous, ce n'est pas la République qui est à la tête de l'armée, c'est encore l'empire. Nous sommes trahis, nous sommes vendus et voilà tout. »

Eh bien ! non, ces braves gens ne sont pas vendus comme ils le disent et le croient presque tous. Non, il n'y a pas trahison au sens ordinaire du mot. Mais le malheur rend méfiants et mauvais. Mais depuis vingt ans, le favoritisme, la bureaucratie, l'ignorance et la paresse, ont enlevé à l'armée française, la plupart des qualités précieuses qui firent autrefois sa force. Mais le courage individuel, principal élément de notre supériorité, ne suffit plus aujourd'hui et ne vient qu'après la science et le calcul. Mais la démoralisation a tout envahi. Mais il y a incapacité relative chez les chefs, imprévoyance et mauvaise organisation dans les services de l'intendance. Mais nos vieilles troupes sont en Allemagne, et nous, nous battons avec des soldats de deux mois, sans grande discipline ni grande solidité, sans habitude de la guerre et des inévitables privations qu'elle entraîne. Mais les foules ne sont pas des armées. Mais la saison est exceptionnellement rigoureuse, et nos soldats sont sans vêtements chauds, sans chaussures capables de résister à la marche. Mais les officiers se tiennent à part de leurs hommes, au lieu de partager leurs souffrances et leurs privations. Mais nous luttons contre un ennemi incontestablement supérieur, enhardi par ses victoires et qui ne vivant que pour la guerre, depuis sa défaite d'Iéna, travaillait ainsi depuis plus d'un demi siècle à faire un soldat de chacun de ses citoyens.

Franchement, n'y a-t-il pas dans tout cela, et dans mille autres choses encore qu'il est impossible d'énumérer, n'y a-t-il pas de quoi expliquer toutes nos misères, tous nos désastres, sans invoquer par surcroît, ce je ne sais quoi d'inconcevable, de monstrueux, d'infamant, qui s'appelle une trahison, et que pour ce qu'il reste encore d'honneur au nom français, nous voulons croire n'avoir jamais existé.

A Vailly, nous sommes assez heureux pour trouver une écurie, un dîner, six lits et quelques matelas. A six heures, nous voyons arriver dans un break le docteur Riembault et notre intendant. Parvenus jusqu'à nous au travers de mille difficultés, arrêtés, bousculés à chaque instant, insultés même par quelques traineurs de sabre insolents et grossiers, ils n'osent répondre que nos voitures puissent arriver sans accidents ce soir. A sept heures, nous partons deux ou trois au-devant d'elles sur la route départementale d'Argent à Vailly par laquelle elles doivent venir.

Soudain, nous croyons entendre au loin comme un faible roulis. A l'instar des sauvages, nous collons notre oreille à terre, faisant ainsi sur un sol durci par le froid, et conséquemment bon conducteur du son, une auscultation d'un nouveau genre appliquée à la recherche des omnibus. Enfin, nous reconnaissons le pas de nos chevaux, les voix de nos amis. Le maréchal Ney ne dût être guère plus heureux, lorsqu'après son héroïque aventure de Krasnoë, il retrouva le prince Eugène et Mortier à Orscha. Nos camarades nous paraissent sortir de l'autre monde. « Vous voilà donc ? comment allez-vous ? » Telle est notre première question. « Pourra-t-on dîner ? » Telle est leur première réponse, réponse bien naturelle dans la bouche de gens qui sont à jeun depuis 24 heures. Fort heureusement, le dîner attendait. « *Primùm manducare, deinde philosophari.* » (Manger d'abord, discuter ensuite), dit un vieil aphorisme. Nous le suivons de tout point. On dîne donc, puis on se raconte mutuellement les mille accidents, les mille misères de cette maudite journée. Nos chevaux avaient mis 14 heures pour franchir une distance de 32 kilomètres.

10 décembre.

Quand les états-major ont passé dans une petite localité, il vous reste, si vous y pénétrez après eux, juste vos glandes lacrymales pour fabriquer des larmes, et la ceinture gymnastique, méthodiquement, progressivement serrée, devient le seul dîner possible. Convaincus par une expérience toute personnelle et récente de la vérité de ces aphorismes, nous avons décidé hier au soir, de jouer à ces Messieurs un tour de notre façon, et de les précéder à Sancerre, où nous devons les uns et les autres, coucher aujourd'hui. En conséquence, à trois heures du matin, c'est-à-dire au beau milieu de la nuit, tandis que nos guerriers galonnés et dorés sur tranches, bien et dûment enveloppés dans leurs couvertures, rêvent de combinaisons stratégiques profondes,

> Ou du plumet, lacune énorme
> Qui manque à leur bel uniforme;

ou mieux encore des Rose Friquet de l'hôtel, auxquelles ils portent fort assidument leurs hommages, nous partons quatre pour Sancerre, situé à 26 kilomètres de Vailly. Nous louons une mauvaise petite charrette à deux roues, que nous rhabillons comme de vrais rebouteurs, avant de nous confier à elle, et dans laquelle nous nous entassons tant bien que mal sur un peu de paille. A deux, on serait presque gêné. A quatre, on ne saurait être à l'aise. Nous pensions tout d'abord que cet entassement servirait à notre calorification mutuelle, mais à cette heure matinale, sur les plateaux élevés que nous gravissons, rien ne résiste à la froide bise qui souffle du Nord. Quelque triste qu'elle soit, cette nature d'hiver est pleine de pittoresque avec son ciel brumeux, ses grands arbres dépouillés et couverts de neige. Au printemps, ces sites doivent être délicieux, mais faites donc de l'esthétique ou de la peinture de paysage, quand vous ne sentez plus vos pieds.

L'humble rosse qui nous traine, marche du pas d'un mauvais piéton, et nous ne l'avions prise que pour gagner du temps. Le bonhomme qui la conduit jure indéfiniment, en parfait charretier qu'il est, comme si tous ces jurons donnaient au sang de sa bête un globule rouge de plus. Après cinq heures de Sibérie dans cette maudite patache, nous arrivons clopin-clopant à Sancerre, et préparons tout pour l'arrivée de nos camarades, qui nous rejoignent dans la soirée.

Sancerre, petite sous-préfecture du département du Cher, sera marqué dans nos souvenirs d'une pierre blanche, comme disaient les anciens. La réception qui nous est faite par les habitants est des plus cordiales, des plus franchement sympathiques. Bien loin d'accueillir avec une moue significative et de mauvais pronostic, les billets de logement qui nous ont été délivrés par la mairie, ces braves gens s'empressent de nous faire asseoir à leur foyer, nous invitent à leur table et, pour la plupart, ne savent de quelles attentions délicates nous entourer. Une nuit comme celle que nous allons passer à Sancerre, peut faire oublier bien des choses. Coucher dans un lit, un vrai lit, avec des draps frais et de chaudes couvertures! Quelle bonne fortune! **On ne l'échangerait peut-être pas contre celle que trouva Musset aux eaux de Baden-Baden, et qu'il a racontée d'une façon si charmante.**

Un petit incident a seul signalé notre matinée. Notre sous-intendant s'était rendu à l'hôtel où logeait l'intendance du 18me corps d'armée pour y faire signer, si j'ai bonne mémoire, une réquisition d'écurie. Il tombe par malheur sur un sous-intendant de 2me... ou de 50me classe, dont l'humeur n'était pas précisément des plus avenantes. « Vous venez me faire signer un bon de réquisition, s'écrie notre homme en fronçant le sourcil, mais qui êtes-vous? » — « Je suis le sous-intendant de l'ambulance de Saint-Etienne, » répond poliment notre camarade, en cherchant dans son portefeuille, la preuve écrite de ce qu'il avance.

A ces mots, le « riz-pain-sel » comme frappé au cœur, se roidit, se plante fièrement sur ses jambes, rejette majestueusement la tête en arrière, et prenant sa voix la plus solennelle, celle que ses cordes vocales durent faire vibrer, le jour où il fut nommé aspirant sous-intendant de deuxième ou de cinquantième classe. « Sous-intendant! s'écrie-t-il avec indignation, sous-intendant! apprenez, Monsieur, qu'il faut trente ans de loyaux et bons services pour parvenir au grade de sous-intendant ! »

Trente ans ! plus d'un quart de siècle ! c'est prendre un peu trop son temps pour arriver à ce qui est juste l'opposé de la finesse ; mais aux petites gens les grandes vanités. Et puis, il faut bien avoir le courage de l'avouer, nous sommes tous un peu sous-intendants à nos heures, car les prétentions ridicules et déplacées, les suffisances injustifiées, font partie intégrante de notre caractère national. N'était-il pas convenu avant Wissembourg, Reischoffen et Forbach, que notre « *invincible armée et nos vieux généraux d'Afrique* » planteraient sans coup férir le drapeau tricolore sur les murs de Mayence, de Coblentz et de Berlin ? Quoiqu'en ait pu dire Macaulay, le prudent et sagace observateur, dans sa classification des puissances européennes, nous marchions à la tête de la civilisation. Cela ne faisait de doute pour aucun bon français ; dès lors, qu'avions-nous à apprendre ou à redouter de nos voisins ? Puissent, du moins, nos humiliations et nos désastres, nous convaincre de cette vérité, que l'optimisme est un immense danger pour les peuples, et que le « *connais-toi toi-même* » est pour les nations, comme pour les individus, la première maxime de la sagesse.

A la nuit, nous voyons brûler le pont de Saint-Thibault sur la Loire. (1) Celui de Cosne est déjà détruit,

---

(1) Le pont de Saint-Thibault, situé en amont près de Cosne, était un pont suspendu de cinq travées de 70 mètres chacune, avec tablier en bois. On eut la maladresse de détruire les piles, alors qu'il suffisait par-

comme celui de Briare, comme celui de Gien, comme celui de Sully, comme celui de Jargeau, et sans doute aussi comme ceux d'Orléans. (1) Encore quelques revers, et il n'en restera plus un seul sur tout le parcours de la Loire, de Nevers à Angers.

11 décembre.

A Gien, on nous avait donné rendez-vous à Sancerre. A Sancerre on nous annonce qu'il faut partir immédiatement pour Bourges, où se concentrent les troupes. Va pour Bourges ! Un incident qui surgit inopinément, semble cependant, pendant quelques heures, devoir s'opposer à notre départ. L'unique médecin de Sancerre, qui était en même temps maire de la ville, vient de mourir d'une maladie contractée près de son fils blessé. Sa mort laisse sans soins médicaux un certain nombre de soldats malades, et le sous préfet, les adjoints nous prient de vouloir bien rester quelques jours encore avec eux. Une escouade est désignée pour demeurer momentanément à Sancerre; mais M. de Neuvier, intendant général du 18me corps, de l'autorité duquel nous relevons immédiatement, s'op-

---

faitement de brûler le tablier. -- Voir : *Campagne sur la Loire et dans l'Est*, par le vicomte d'Ursel, officier auxiliaire à l'état-major général du 18e corps d'armée : *Correspondant du 25 juillet* 1871, p. 373.

(1) Les deux ponts de bateaux qui avaient été jetés sur la Loire, furent les seuls détruits par nos troupes lors de la reprise d'Orléans par le prince Frédéric-Charles.

pose à ce projet, en déclarant formellement, que nous lui sommes indispensables, et qu'il tient essentiellement à ce que nous nous rendions à Bourges au plus tôt. En conséquence, nous partons.

Pour des motifs que nous ne comprenons guère, on nous donne l'ordre de nous tenir tout à fait en queue de colonne et de fermer ainsi la marche des troupes. S'imaginerait-on par hasard, que les canons prussiens épargneront nos régiments, s'ils aperçoivent le drapeau de la croix rouge qui flotte sur nos voitures? Ce serait une étrange illusion.

Nous voyant à l'extrême arrière-garde où nous retenait la consigne, un capitaine de la ligne nous offre de nous escorter avec sa compagnie; mais cette escorte, loin de nous être utile, pouvait nous placer dans une fausse position, et nous remercions, sans accepter ses services, cet officier complaisant.

Tandis que nos voitures commençaient à cheminer sur la route départementale de Bourges, six d'entre nous, partis de Sancerre à midi, arrivaient à Les-Aix-d'Angillon, à quatre heures et demie. Trois devaient y rester pour y préparer l'étape à l'ambulance, tandis que les trois autres pousseraient à tout prix jusqu'à Bourges. Fatigués par le va et vient de la matinée, et par les 25 kilomètres de Sancerre à Les-Aix, faits forcément d'une seule traite; préoccupés, en outre, par l'heure avancée de la journée, nous cherchons une voiture quelconque qui nous permette de franchir les 22 kilomètres qui nous séparent encore de Bourges. Les habitants auxquels nous nous adressons; nous répondent par un catégorique refus. Les Prussiens que l'ont voit partout.., et encore ailleurs ! sont dans les environs de Bourges, à ce que disent les commérages de la localité, et nul ne se soucie de venir avec nous pour se faire enlever par une patrouille de uhlans.

Les uhlans ! chacun tremble à ce mot. Les uhlans ! mais l'herbe ne repousse plus sous leurs pieds ! Jour et nuit, montés sur leurs grands chevaux, ils galoppent sur les grandes routes et dans les imaginations effarées. Ah ! il serait bien reçu par nos braves paysans, le général qui oserait leur dire, ce que Dumouriez écrivait jadis à ceux qui le pressaient de revenir sur Paris. « Les uhlans vous harcèlent ? Eh bien ! tuez les. Je ne changerai pas mon plan pour quelques housardailles. »

En fin de compte, nous trouvons un jeune homme plus charitable et moins trembleur, qui nous promet son cheval et sa charrette. Nous ne quittons plus les pas de ce sauveur, et le circonvenant par toutes sortes de politesses et d'égards, nous le suivons à sa maison où il doit atteler de suite. Mais là, nouvel et touchant obstacle. Notre jeune homme était marié. Sa jeune femme, intéressante à plusieurs points de vue, apprenant l'objet de notre visite, s'attache au cou de son mari, l'embrasse, prie, pleure, crie, tempête, jette sur nous des regards furieux, et finalement nous envoie promener avec les dix francs que nous avions déjà donnés à son mari.

« J'm'en moquons pas mal de vos dix francs,

s'écrie-t-elle avec son petit accent berrichon, assez gracieux dans sa bouche. Qué que j'en ferons, quand j'aurons pus mon homme? »

La situation était des plus tendues. Entraîné par des embrassements et des larmes, arguments que je me permettrai, contrairement à l'usage, d'appeler *ad hominem*, le mari hésitait. Par bonheur, il ne voulut point revenir sur sa parole, mais concilia tout en disant, à nous, qu'il nous prêterait sa voiture, à sa femme, qu'il ne l'abandonnerait pas, et nous ferait conduire par un de ses amis. Nous étions sauvés, et tandis qu'on attelait, il n'y avait plus qu'à essayer une réconciliation avec la bourgeoise. Elle finit par consentir à nous serrer la main.

— « J'espère que les femmes aiment leurs maris dans ce pays-ci, lui dis-je sans malice, et croyant lui faire un compliment. Quand nous voudrons nous marier, parole d'honneur, nous viendrons ici. »

— « Tein, répliqua-t-elle en posant crânement ses poings sur ses hanches arrondies, alles les aiment donc pas leurs hommes, les femmes de cheux vous? »

Je n'avais rien à répondre.

Nous partons à la nuit par la route départementale n° 2, qui va de Les-Aix à Bourges. C'est le chemin le plus direct, mais nous nous heurtons bien vite à un interminable convoi d'artillerie. Impossible de faire dix mètres sans accrocher dans l'obscurité un canon ou un caisson. Revenant en arrière, nous passons par Rians, et au prix de ce détour, nous tombons sur la route impériale de la Charité à Bourges, qui, vide de troupes, nous conduit sans encombre dans cette dernière ville. Nous y arrivons à cinq heures du soir. Aux approches des faubourgs, quelques sentinelles, des feux de bivouac, des épaulements pour les batteries. Les Prussiens ne sont peut-être pas très loin.

Nous suivons les hôtels et les auberges, demandant, à n'importe quelles conditions, un lit pour quatre. Toutes les chambres sont occupées par des officiers. Rebutés par les hôteliers, nous allons frapper aux portes des rares magasins encore ouverts, mais la plupart de ces petits commerçants ont leur étroit logis encombré de soldats auxquels ils ont généreusement donné l'hospitalité. Bref, malgré notre fatigue, nous avions pris le parti de battre le pavé pendant la nuit, afin de réagir contre la température, lorsque nous fûmes providentiellement recueillis à onze heures et demie du soir, par deux institutrices de la rue Mirebeau, qui voulurent bien disposer en notre faveur de deux lits réservés pour des blessés. Je n'ose dire quelle fut alors notre joie. Ceux-là seulement la comprendront, qui au soir d'une pénible journée, et par 12 degrés de froid, n'ont trouvé pour tout lit de repos, que le pavé d'une rue.

Le lendemain, 11 décembre, nos camarades nous rejoignaient à Bourges.

BOURGES

Du 11 au 21 décembre 1870.

Lorsque nous arrivâmes à Bourges, cette ville était devenue le centre de ralliement de toute cette partie de l'armée de la Loire qui formait notre aile droite devant Bellegarde, au commencement de décembre. Tandis que la bataille de Beaune-la-Rolande et quelques autres combats d'une moindre importance, donnaient à penser que le principal effort des Allemands tendrait à séparer notre aile droite du centre, le prince Frédéric-Charles, réuni aux Bavarois reconstitués de von der Tann, et aux corps concentrés autour de Chartres par le duc de Mecklembourg, attaquait le général d'Aurelle, et lui reprenait Orléans. Battus et refoulés, notre centre et notre aile gauche gagnèrent le Mans, Beaugency, la Ferté-Saint-Aubin, et formèrent sous le général Chanzy, la deuxième armée de la Loire. L'aile droite, dont nous faisions partie, et qui se composait des 15me, 18me, et 20me

corps, en tout 70,000 ou 90,000 hommes, devint la première armée. Un décret du 6 décembre, la plaça sous le commandement en chef de Bourbaki.

Menacée d'être enveloppée après Loigny, cette première armée battit en retraite sur Bourges par la route que nous suivîmes nous-mêmes.

Elle y arriva dans le plus déplorable état, épuisée de fatigues, démoralisée par les insuccès. Dans les rues de la ville, ce n'étaient que malades et écloppés. Nous comprîmes bien vite, que nous rendrions de grands services, en utilisant le temps pendant lequel nos troupes devaient se réorganiser et se refaire, et après une demi-journée consacrée à un repos dont nous avions le plus réel besoin, nous nous mîmes à l'œuvre. Les établissements publics avaient été affectés, pour la plupart, au casernement de nos soldats, et il nous fallut demander à la bienveillance des particuliers, les locaux qui nous étaient nécessaires pour l'organisation de nos ambulances. En ce moment, on croyait Bourges sérieusement menacé par les Prussiens. S'imaginant que les drapeaux de la croix rouge arborés sur leurs immeubles, les protégeraient contre les réquisitions de l'ennemi, pour le cas où il s'emparerait de la ville, nombre de personnes nous offraient deux, trois ou cinq lits. Le blessé était devenu une sorte de Palladium dont chacun tenait à se couvrir. Nous refusâmes toutes ces offres, parce qu'il nous eût été métaphysiquement impossible de traiter et de nourrir cent malades seulement, s'ils eussent été ainsi répartis aux quatre points cardinaux de Bourges, dans une vingtaine d'emplacements différents, et M. le docteur Riembault résolut, avec raison, de s'en tenir à quatre ambulances.

La première, la plus spacieuse, devint notre quartier général. Elle était organisée dans l'aile droite de l'hôtel de M. Salé, rue Moyenne, n° 13. La seconde, rue des Arênes, 21, fut installée dans les appartements d'un marchand de fer en gros, M. Pirot, qui sans appréhender pour lui, le voisinage toujours incommode, parfois dangereux des malades, mit à notre service et de la façon la plus gracieuse du monde, cinq pièces assez vastes et un certain nombre de lits de fer garnis. Un autre petit local nous fut offert par le propriétaire d'une maison située en face de celle de M. Pirot. Enfin, les salles d'étude, hautes et bien aérées de deux institutrices de la rue Mirebeau, mesdemoiselles Clozel, servirent d'installation à notre dernière ambulance.

L'organisation de ces diverses ambulances correspondait à des besoins si réels de l'armée, qu'à peine ouvertes, elles menacèrent d'être encombrées. On le comprendra facilement, lorsqu'on saura que sur les 80,000 hommes de Bourbaki, 20,000 au plus étaient capables de tenir sérieusement la campagne à ce moment. (1) Les divers locaux dont nous disposions

---

(1) Dans la journée du 11 décembre, une des plus difficiles de sa périlleuse retraite sur le Loir, le général Chanzy demanda au général Bourbaki de faire une démonstration vers la Loire afin d'attirer de son côté une partie de l'attention des allemands, tandis que la 2me armée continuerait son mouvement. Il lui écrivait de Josnes, le 11 : « Je

abritaient de 200 à 225 malades. C'était avec la meilleure volonté, avec le plus sincère désir d'être utiles, tout ce que nous pouvions accueillir. On le comprendra si l'on veut bien me permettre quelques courtes explications, qui résumeront, en même temps, nos occupations ordinaires.

Si nous eussions disposé, à Bourges, d'un hôpital convenable, organisé comme le sont généralement tous les hôpitaux et si nous ne nous fussions trouvés chargés que d'un service médical, non de ce qui concerne l'alimentation, il nous eut été facile, sans surcroît de peine, de donner les mêmes soins à 6 ou 700 malades (je dis malades et non blessés). Malheureusement, la situation qui nous était faite ne remplissait aucune des conditions de ce programme.

De nos quatre ambulances, trois se trouvaient dans des quartiers différents de la ville. Un service parfaitement régulier étant impossible, il fallait à chaque instant se transporter de l'une à l'autre, soit

---

lutte depuis cinq jours, du matin au soir, contre le gros des forces du prince Charles. Je suis dans une position des plus critiques si vous ne vous portez pas en avant. Marchez donc carrément et sans perdre une minute. Vous pouvez me sauver,» Bourbaki répondit le même jour, qu'il lui était impossible, vu l'état de ses troupes, d'entreprendre une opération sérieuse. (*La deuxième armée de la Loire*, par le général Chanzy. Pages 163, 503, 504). Dans une dépêche du ministre de la guerre au général Chanzy, en date du 16 décembre, on lit ceci : « J'ai donné des ordres pour que Bourbaki vous envoie le général Cérez avec les forces qui pourraient appartenir au 17me corps ou au 16me corps. Je suis désolé de ne pouvoir vous envoyer du monde, mais les troupes de Bourbaki sont encore incapables de venir vous appuyer. On ne les a pas maintenues pendant la retraite (!) *alors tout s'est confondu.*

pour les visites, soit pour les distributions diverses de médicaments, de tisanes, de vivres et d'effets d'habillement. Comme une immense machine pneumatique, les 80,000 soldats qui s'étaient soudainement abattus sur Bourges, y avaient fait le vide. Pour trois francs on dînait à peine; encore était-il nécessaire, à l'origine, de stationner patiemment à la porte des salles à manger des hôtels.

Toutes les substances alimentaires étaient devenues rares.

Nous n'en devions pas moins nourrir chaque jour 200 personnes en moyenne, sans comprendre dans ce chiffre, un certain nombre de soldats, qui n'étaient assez malades, ni pour prendre place dans nos ambulances, ni pour ne pas digérer une ration de bœuf et de pain que nous ne manquions guère de leur offrir. Un verre de vin terminait ce modeste repas et ils partaient contents, plus forts, capables peut-être de reprendre un service qu'ils allaient abandonner, abattus par la faiblesse et les privations.

Notre cuisine, j'en conviens, était des plus rudimentaires, et d'une monotonie désespérante. Mais nous n'avions point de fourneau. Trois ou quatre marmites, autant de douzaines d'assiettes et de couverts de fer battu, constituaient notre batterie de cuisine. Dans ces conditions, j'ose le dire, c'était une grosse affaire que préparer et distribuer journellement cinq cents rations de bœuf, de pain et de vin, cinq cents potages et deux cent cinquante litres de tisanes diverses. Les réquisitions difficiles, de pain, vin, viande, riz, etc., etc., absorbaient un temps considérable, car médiocrement satisfaits d'être soldés avec des bons de l'intendance, les fournisseurs se gênaient peu pour nous laisser stationner des heures entières dans leurs magasins, en attendant qu'ils voulussent bien nous servir. Toujours en course, nos palefreniers devaient aller chercher au loin, à cinq, six et même dix kilomètres de la ville, les fourrages de nos douze chevaux et la paille sur laquelle des nécessités pénibles, mais inévitables, nous obligeaient à faire reposer nos malades (1).

Ces malades, ils étaient forcément examinés, auscultés, pansés à terre, c'est-à-dire dans une position des plus fatigantes, parce qu'elle demande que le chirurgien soit constamment courbé. Pour nous reconnaître dans la répartition des médicaments et des rations, et simplifier ce travail, il était indispensable de classer et de numéroter tous nos hommes. Il fallait encore tenir un état régulier des mouvements du service; inscrire les entrants avec les nom, prénom, numéro du corps, du régiment, du bataillon et de la compagnie; remettre nous-mêmes à l'autorité militaire, afin d'éviter les désertions, les malades capables de rentrer au corps; évacuer à la gare ceux que l'on dirigeait sur les hôpitaux du Midi; visiter en ville quelques officiers et quelques soldats qui se faisaient traiter dans des maisons particulières, éliminer avec soin, les fainéants et les farceurs que

)1) **A la date du 15 décembre, nous possédions 67 lits.**

l'on trouve toujours en grand nombre à la porte des ambulances, simulant avec adresse des maladies ou tout au moins des fatigues dont ils ne souffrent pas.

Que l'on ajoute à cela le pénible service des gardes de nuit auquel nous pouvons affirmer ne nous être jamais soustraits, et on aura une idée assez exacte de ce qui constituait nos occupations ordinaires, normales. Prenant exemple sur nos chefs, chacun de nous s'utilisait de son mieux, et cependant les moments de loisir étaient nuls ou des plus rares, si rares qu'il nous fut généralement impossible d'observer et de recueillir avec soin, des cas pathologiques d'un intérêt scientifique des plus sérieux.

Autant qu'il nous fut permis d'en juger par les 4,000 malades qui passèrent sous nos yeux à Bourges et dont 700 séjournèrent dans nos salles, les blessés étaient fort peu nombreux dans l'armée de Bourbaki. Il en devait être ainsi parce que cette armée n'avait engagé aucun combat sérieux depuis Beaune-la-Rolande et Maizières, et parce qu'en second lieu, les blessés de ces affaires avaient été transportés, pour la plupart, dans des départements éloignés du théâtre de la lutte.

Après la reprise d'Orléans par les armées allemandes, on avait pensé que le prince Frédéric-Charles se mettrait à la poursuite de Bourbaki et que Chanzy aurait toute liberté de mouvements. Le contraire eut lieu. Le prince Frédéric-Charles concentra toutes ses forces contre Chanzy ; par suite, notre première armée put opérer, sans être sérieusement inquiétée, sa retraite de Bellegarde sur Bourges. Cette dernière considération suffirait pour expliquer que nous ayons eu à traiter beaucoup plus de maladies internes que d'affections chirurgicales. Mais c'est encore une règle absolument générale, que les ambulances reçoivent, même au moment des opérations militaires les plus actives, plus de fiévreux que de blessés. Je crois utile de m'arrêter quelques instants sur ce point.

Dans maintes circonstances, en effet, pendant et après la guerre nous pûmes faire une singulière observation, dont on reconnaîtra facilement la justesse. Aux yeux de bien des gens, humains du reste et portés à secourir leurs semblables, le blessé est tout, le malade rien. Comme si les désastres des hôpitaux n'étaient pas plus lugubres que ceux des champs de bataille! Comme si le soldat qui meurt tristement sur la paille d'une ambulance, emporté par la variole ou le typhus, n'était pas aussi digne de gloire et de pitié que celui qui tombe en face de l'ennemi, au milieu de tous ces entraînements du combat qui surexcitent violemment le moral, émoussent l'impressionnabilité à la douleur et rendent souvent la mort moins pénible, parce qu'elle est plus inattendue et plus prompte.

« Vous devez en abattre de ces bras et de ces jambes, » nous disait-on pendant la campagne, comme on nous l'a répété depuis. Peu désireux de frapper les imaginations par l'émouvant récit d'opérations chirurgicales toutes plus sanglantes les unes que les autres, nous répondions, pour être vrais, que nous avions fait plus de médecine et d'hygiène que d'amputations ou de désarticulations. On nous regardait alors d'un air surpris et plus d'un de nos interlocuteurs pensait sans doute que nous n'avions pas rempli consciencieusement notre mission.

Le corps médical de l'armée s'occupe principalement de l'hygiène et de la chirurgie militaires. De ces deux branches de la science, comme l'observe judicieusement un chirurgien américain, (1) la dernière semble le plus vivement intéresser le public, et néanmoins dans la pratique, l'hygiène a une importance majeure. Au commencement de la guerre, c'était dans les classes aisées de la société, à qui offrirait un ou plusieurs lits pour les blessés. Utiliser ces patriotiques offrandes, c'eût été, non-seulement réaliser une économie considérable, mais encore et surtout sauver un grand nombre de soldats, morts depuis dans nos grands hôpitaux où l'agglomération exerce de si terribles ravages. Mal organisée et surprise à l'imprévu, notre administration militaire recula devant le travail considérable et difficile, je l'avoue, qu'eût entraîné cette dissémination de nos malades chez les particuliers qui les demandaient: mais ces derniers, il faut bien le dire, spécifiaient pour la plupart, qu'ils entendaient recevoir uniquement des blessés. Que l'on craignît d'abriter sous son toit des affections contagieuses telles que la variole par exemple, je le conçois très-bien, mais les maladies des organes respiratoires et leurs suites? mais les rhumatismes? mais les anémies, suite d'épuisement, qui furent si nombreuses à la suite des fatigues sans nom de

---

(1) William Van Buren : *Hygiène et thérapeutique militaires.*

cette pénible guerre et qui exigeaient beaucoup plus d'air, de bonne nourriture, de repos et de soins que de médicaments ? pourquoi les refuser ? N'eut-il qu'un orteil emporté, le blessé, nous nous en assurâmes bien souvent, était entouré, de par la balle ou l'éclat d'obus qui l'avaient si légèrement frappé, d'une auréole de gloire. Le malade, fut-il presque mourant, était infiniment moins sympathique et nullement recherché. On nous refusait nettement pour lui des objets de literie que l'on donnait sans peine pour le blessé. Cela tient à ce que l'on se fait généralement de la guerre une idée des plus inexactes, idée qu'il serait utile, je dirai même humain, de redresser. Rien n'est plus facile.

Un des instincts les plus remarquables des hommes est incontestablement celui qui les pousse à s'entretuer. Or, depuis qu'il y a des guerres, c'est-à-dire depuis l'origine des sociétés, les observateurs de tous les temps ont remarqué et indiqué la supériorité constante du nombre des malades sur celui des blessés. S'il n'était pas inutile, dans une semblable question, de remonter au déluge, il suffirait de citer, dans les temps anciens, Xénophon chez les Grecs, Caton le censeur et Végèce chez les Romains.

Dans l'ouvrage de Végèce sur la guerre « *De re militari*, » on trouve un chapitre des plus remarquables. Ce chapitre, le second du troisième livre, a pour titre : « *Quemadmodum sanitas gubernetur exercitûs;* » (comment on doit veiller à la santé d'une armée.) L'histoire médicale des armées en campagne peut presque tenir en entier dans le cadre tracé par l'auteur et qui comprend : 1° les influences atmosphériques ; 2° le méphitisme du sol et celui des lieux habités ; 3° l'insuffisance ou la mauvaise qualité des aliments. Ce sont là, dit Végèce, les causes qui détruisent surtout les armées. Pour s'en convaincre jusqu'à l'évidence, il suffit d'interroger les statistiques des guerres modernes et contemporaines. Elles ne sauraient manquer d'être intéressantes et instructives, dans un siècle où, de 1853 à 1866 seulement, les guerres entre les peuples soi-disant chrétiens ont dévoré, au témoignage d'un publiciste distingué et consciencieux, 48 milliards de francs et près de 1 million 800,000 hommes emportés par le feu ou la maladie (1).

A la suite des grandes batailles du premier empire : Austerlitz, Wagram, la Moskowa, Bautzen, Waterloo, les pertes des armées par le feu de l'ennemi s'élevèrent à une moyenne de 20 pour 100 (2). Sans qu'on

---

(1) Paul Leroy-Beaulieu : *Recherches économiques sur les guerres contemporaines*, Paris, 1869, p. 181, cité par Laboulaye. — Dans ces chiffres, il est vrai, la guerre de la sécession aux Etats-Unis figure, à elle seule, pour 35 milliards et 800,000 hommes.

(2) Laveran : *Mortalité des armées en campagne*, ann. d'hygiène et de thérapeutique, 1863.

Le tableau suivant résume ainsi ces pertes :

Austerlitz .... Français, 14 °/₀ ; Russes, 30 °/₀ ; Autrichiens, 14 °/₀
Wagram ...... id. 13   »   id.   14
Moskowa .... id. 37   id.   46
Bautzen....... id. 13   id.   44   Prussiens, 14
Waterloo ..... id. 36   Anglais et Prussiens,   31

Cela donne une moyenne d'un cinquième.

puisse les préciser exactement, les pertes par maladies furent infiniment plus considérables. Suivant Hodje (1), elles formèrent plus des quatre-sixièmes des décès observés sur la flotte anglaise dans les guerres soutenues contre la France, de 1792 à 1815. En 1792, la dyssenterie seule réduisit de plus de moitié les effectifs des confédérés en Champagne et exerça de grands ravages dans l'armée française des Alpes (2). On reculerait effrayé si on avait la statistique complète de ces terribles épidémies qui, pendant les guerres de la Révolution et de l'empire, décimèrent si souvent nos armées et les pays qu'elles traversaient. Suivant Portal, le typhus qui sévit en 1794 à l'armée des Pyrénées était si contagieux, que tous ceux qui servaient les malades ou en approchaient mouraient. Sur les 300,000 hommes, au moins, que la France perdit dans la campagne de Russie de 1812, plus des deux tiers succombèrent à des maladies engendrées par la misère et le froid. A Wilna, 30,000 des nôtres étaient prisonniers ; 25,000 étaient atteints du typhus (3).

Pendant les deux années que dura la guerre d'Orient, le gouvernement français envoya 309,268 hommes en Crimée : 200,000 furent reçus dans les ambulances ou les hôpitaux; dans ce chiffre, on comptait 50,000 blessés, 150,000 malades.

Sur les 50,000 blessés, 10,240 moururent sur le

---

(1) Hodje : *Report of the mortality arising from naval opérations.*

(2) Chamsern : *Journal général de médecine. T. LXX;* et Desgenettes : *Notes pour servir à l'histoire de l'armée d'Italie.*

(3) Gasc : *Histoire de l'épidémie de Wilna; 1812.*

champ de bataille même; 10,000 autres succombèrent aux suites de leurs blessures. Total en chiffres ronds : 20,000. Sur les 150,000 cas de maladie, on eut 75,000 décès, ce qui donne pour effectif moyen de la mortalité par blessures, 34 pour 1,000, et pour effectif moyen de la mortalité par maladies, 121 pour 1,000. On voit la différence. Pendant les six derniers mois de 1855, qui furent signalés par les combats les plus décisifs du siége de Sébastopol, notre armée compta 21,927 blessés, et 101,128 fiévreux. Dans l'hiver de 1856-57, où par suite de la suspension presque complète des grandes opérations militaires, nous n'eûmes que 323 blessés, une seule maladie, le scorbut, frappa 12,872 hommes; 964 moururent. On a calculé que dans cette même campagne de Crimée, 30,000 Russes furent tués par l'ennemi : 600,000 furent emportés par les maladies et la misère, infiniment plus meurtrières que dans les armées Franco-Anglaises, parce que les conditions hygiéniques étaient des plus déplorables. La vie humaine n'est pas chose assez précieuse pour qu'un czar de toutes les Russies daigne s'en préoccuper (1).

(1) Ces divers chiffres sont principalement extraits des deux remarquables ouvrages du docteur Chenu :

I. *Rapport au conseil de santé des armées sur les résultats du service médico-chirurgical pendant la campagne d'Orient, en 1854, 1855, 1856*, par M. J. Chenu, médecin principal, Paris. 1865, in 4°.

II. *Statistique médico-chirurgicale de la campagne d'Italie en 1859 et 1860*, par le même, Paris, 1869 ; 2 vol. in-1°.

L'académie des sciences décerna en 1866 le prix de statistique au premier de ces deux ouvrages, en se félicitant de le couronner.

En Italie, nous perdîmes, par la maladie, un peu moins d'hommes que par le feu, c'est-à-dire, un peu moins de 8,000; mais il faut bien se le rappeler, la guerre dura seulement deux mois. Nous la fimes dans un pays ami, dans la contrée la plus riche de l'Europe, dans une saison favorable (mai et juin), et à proximité de la France. Il faut savoir, aussi, que malgré les entraves apportées par l'intendance militaire, l'activité et le dévouement du médecin en chef de l'armée, le barron Larrey, firent des prodiges pour éviter l'encombrement et par suite ces épidémies qui remplirent de nos morts les cimetières de la Crimée (1). Les statistiques de la campagne de 1859 sont donc bien loin d'infirmer ce que j'avais l'intention de prouver, savoir : l'infériorité constante et considérable du nombre des blessés par rapport à celui des malades.

On me pardonnera d'avoir ouvert à ce sujet une assez longue parenthèse, et de m'être laissé distraire un instant de ce qui fait le principal objet de cette notice, le récit des occupations et des travaux de notre ambulance. J'y reviens, mais je crois utile d'avoir montré, par des statistiques importantes, que ce que nous avons observé aux armées de la Loire et de l'Est rentrait dans la règle générale.

Si pour les raisons que j'ai précédemment indiquées, nous ne traitâmes à Bourges que très-peu de blessés, en revanche, les malades furent nombreux. Les portes de nos ambulances étaient assiégées à toutes les heures

---

(1) *La médecine militaire en France et aux Etats-Unis,* par Edouard Laboulaye *(Revue des Deux-Mondes,* 15 décembre 1869.)

du jour. Evacuait-on 30 hommes au corps, ou sur les hôpitaux du Midi ? cinquante se disputaient les places rendues vides, et ce ne fut pas la moindre de nos souffrances, que de refuser souvent des hommes, dont l'état réclamait des soins, mais que nous ne pouvions accueillir parce que nous n'étions déjà que trop encombrés.

J'ai dit, plus haut, que sur les 80,000 hommes dont se composait l'armée de Bourbaki, 20,000 au plus, lorsque nous arrivâmes à Bourges, et probablement même lorsque nous en sortîmes, étaient capables d'entrer en ligne pour des opérations sérieuses. Il n'en faudrait cependant pas conclure que les 60,000 autres, constituant, ou à peu près, des non-valeurs, fussent atteints de maladies graves. La plupart étaient simplement écloppés ou affaiblis par les fatigues d'une campagne que nos vétérans d'Afrique, de Crimée, d'Italie et du Mexique, trouvaient des plus pénibles, et qui devait nécessairement accabler nos pauvres mobiles. Aux hommes spéciaux de dire, si on s'improvise soldat (1), général ou même ministre de la guerre; si lorsqu'on oppose à des troupes régulières et exercées, des troupes qui ne le sont pas, on ne prépare pas toujours d'immenses désastres. Ce

---

(1) Dans une séance du conseil d'Etat, l'amiral Truguet disait à Napoléon Ier : « A nous, sire. il nous faut de vieux marins pour vaincre, tandis que vous, vous pouvez gagner des batailles avec des soldats de deux mois. » « Vous ne savez pas ce que vous dites, Monsieur l'amiral, lui répondit l'empereur. C'est une habitude de dire en France, que tout le monde est soldat, mais cela est faux. On ne naît pas soldat, on le devient. »

que pourraient affirmer sans sortir des limites de leur compétence, les médecins qui ont suivi et observé nos armées, c'est qu'elles ne pouvaient longtemps tenir campagne dans de pareilles conditions de température, d'hygiène, d'équipement et d'organisation, car les forces humaines ont une limite, que l'on ne dépasse pas impunément.

Peu nombreux et sans locaux convenables, il nous était impossible, on le comprendra, de recevoir tous ces hommes épuisés qui se présentaient à notre quartier général, nous demandant de leur accorder au moins quelques jours de repos. La nécessité nous faisait une loi d'accepter uniquement, ceux chez lesquels nous trouvions une maladie bien définie. La variole exerçait de grands ravages dans l'armée, mais les varioleux avaient été réunis dans un hôpital spécial dont nous n'étions point chargés, et auquel nous adressions les hommes chez lesquels nous trouvions les symptômes de cette affection. Nous agissions de même à l'égard des galeux que l'on avait concentrés dans un autre endroit. Leur nombre était assez considérable, ce qui s'explique par l'état de malpropreté dans lequel vivaient forcément nos soldats. La plupart n'avaient pour tout linge de corps, qu'une chemise, une paire de chaussettes, un mouchoir de poche. C'est assez dire dans quel état se trouvait le tout. Du reste, même en temps de paix, la propreté qui est une condition de santé, n'est pas soupçonnée par notre administration militaire. Les Romains ne construisaient jamais une caserne sans y installer des bains chauds. Au régiment, nos soldats n'ont pas même d'essuie-mains, de telle sorte que, malgré les règlements, ils sont obligés de s'essuyer avec leurs draps de lit, leur chemise ou leur mouchoir.

Chez nos malades, les affections des voies respiratoires (angines, laryngites, bronchites aiguës, pleurésies, pneumonies) venaient en première ligne par ordre de fréquence. A peu près sur le même rang, se plaçaient les froidures diverses (congélations). Localisées presque constamment aux pieds, elles allaient depuis la simple rubéfaction de la peau avec gonflement du derme et des tissus sous-jacents, jusqu'aux gangrènes dites par congélation. D'après Scrive (1), nous eûmes en Crimée, 5,594 cas de congélation, sur lesquels 134 décès. Toutes proportions gardées, on arriverait à un chiffre autrement considérable, si l'on pouvait dresser une statistique complète des cas de congélation observés dans nos armées pendant la guerre de 1870-71.

La dyssenterie, la diarrhée et les fièvres intermittentes ou rémittentes, nous fournirent encore un contingent considérable, les deux premières surtout. Moins nombreux, les rhumatismes étaient parfois articulaires et aigus, plus souvent musculaires et alors sub-aigus Les fièvres typhoïdes étaient assez fréquentes. Nous eûmes même plusieurs cas de typhus, de ce typhus des armées (typhus exanthématique des auteurs Allemands), qu'un professeur de la faculté de

---

(1) Scrive : *Relation Médico-chirurgicale de la campagne d'Orient.*

Paris, le docteur Axenfeld, appelait dans un langage imagé, mais exact, « le camarade de la gloire militaire. (1) »

Telles furent les affections morbides qui nous fournirent la presque totalité de nos malades. Elles étaient produites, ou favorisées dans leur production, par des causes qu'il suffira d'indiquer pour faire comprendre quelle désastreuse influence elles durent exercer sur la santé de l'armée.

Comme cause première et générale, il y avait d'abord l'agglomération, car du jour où des troupes se réunissent, les germes épidémiques naissent et se développent, par cela seul qu'il y a agglomération. Qui dit agglomération dit, en effet, infection. Mais à cette cause générale et inévitable, s'ajoutaient d'autres causes particulières, dont le nombre, hélas, ne fut que trop grand. Comme si les éléments eussent voulu concourir à notre perte, l'hiver était exceptionnellement rigoureux. Couverts de mauvais vêtements, à peine suffisants pour une saison d'automne, nos pauvres soldats étaient dans l'impossibilité de se garantir contre la température. Dans les haltes ou pendant la nuit, ils allumaient bien dans les champs de grands feux autour desquels on les voyait rangés, serrés les uns con-

---

(1) Cette idée se retrouve dans les différentes dénominations qui furent données au typhus après 1508, c'est-à-dire à partir de l'époque où on en fit une maladie spéciale, distincte de la peste avec laquelle on l'avait confondu jusqu'alors. En effet, on le désigna sous les noms de : Maladie des camps (Melchior); fièvre des camps (Boerrhaave); fièvre militaire (Hartenfels); fièvre maligne des armées (Sauvage); peste de guerre (Hufeland), etc.

tre les autres, mais le bois vert dont ils se servaient, et qu'ils coupaient un peu partout, produisait plus de fumée que de chaleur. Leurs chaussures, généralement éculées et déchirées, parce qu'elles étaient de qualité très-inférieure, ne les protégeaient que fort peu contre la neige, et leur rendaient la marche douloureuse. La nourriture qui aurait pu leur permettre de réagir contre le froid, laissait beaucoup à désirer au triple point de vue de la variété, de la qualité et de la quantité. De la variété, il est superflu d'en parler ici, puisqu'en temps de paix, nos soldats ont le même ordinaire pendant les 365 jours de l'année, bien qu'il soit prouvé, depuis longtemps, que la santé s'altère par une trop grande uniformité dans l'alimentation. Si on leur eût donné de la viande et du pain à peu près régulièrement et en quantité convenable, ils auraient pu supporter plus facilement les fatigues de la campagne, les longues étapes et le froid ; mais la ressource extraordinaire, le biscuit, devenait fréquemment la ressource ordinaire, et remplaçait tout, en ne remplaçant rien. Souvent, détrempé par la neige ou la pluie, le pain produisait, avec une grande facilité, des dyssenteries ou des diarrhées, que tendait à augmenter encore la neige fondue dont on était parfois obligé de se servir pour faire la soupe.

Le sommeil et le repos étaient insuffisants, soit par suite des marches et des retraites, soit parce qu'on ne pouvait dormir sous la tente avec une moyenne de 10 à 12 degrés de froid.

Après les luttes de la sécession, notre ministère de la guerre envoya en mission, aux Etats-Unis, plusieurs officiers distingués. Dans leurs rapports, ils signalèrent, parmi les nombreuses et excellentes innovations imaginées par ce pays pour la conservation et le bien-être de ses troupes, l'introduction dans les effets d'équipement, d'un imperméable en caoutchouc dont chaque soldat de l'Union avait été muni, et qui le garantissait parfaitement, le jour contre la pluie, la nuit contre l'humidité ou la fraîcheur du sol. On demanda, en France, l'adoption de cette excellente mesure. Est-il nécessaire d'ajouter qu'elle était trop indispensable pour être acceptée? Nos pauvres soldats, mouillés par la pluie ou par la neige, et n'ayant point de vêtements de rechange, conservaient forcément les leurs tout humides sur leur corps.

Enfin, le découragement, la tristesse, qui s'étaient emparés des troupes à la suite de nos revers, intervenaient comme causes prédisposantes générales de maladies. Leur influence désastreuse ne peut être mise en doute, par ceux qui savent avec quelle évidence elle se manifesta dans les campagnes de 1813 et 1814, où le nombre des malades augmentait dans une proportion effrayante, à mesure que la fortune s'éloignait de nos drapeaux. Si l'on ajoute que nos soldats étaient jeunes pour la plupart (1), et que,

---

(1) Le général Préval a démontré que les pertes des armées suivent la marche décroissante ci-après :

1re année de service.	—	Mortalité...	7.5	%
2me id.	id.	id.	6,5	%
3me id.	id.	id.	5,25	%
4me id.	id.	id.	4,5	%
5me id.	id.	id.	3	%
6me id.	id.	id.	2	%
7me id.	id.	id.	2	%

Boudin : *Histoire médicale du recrutement des armées.*

lorsqu'ils traversaient une ville, ils oubliaient trop souvent leurs privations, dans des excès de boisson ou d'une autre nature, on aura l'énumération, à peu près complète, des circonstances déplorables qui remplirent de malades les ambulances et les hôpitaux, et vidèrent les cadres de nos armées. Le froid, l'humidité, les longues marches, la mauvaise alimentation et la dépression morale, devaient fatalement produire, et en grand nombre, les affections morbides que nous observâmes, et dont j'ai donné un rapide tableau.

En dépit d'un courant ininterrompu d'évacuations et de la réserve sévère que nous apportions à l'acceptation des malades, nos quatre ambulances ne tardèrent pas à être encombrées. Celle de la rue Moyenne, par exemple, capable tout au plus d'abriter 130 hommes, dut en contenir jusqu'à 170. Nous comprenions très-bien les inconvénients de cette accumulation, qui tendait à faire régner dans nos salles une atmosphère méphitique, augmentait insensiblement les influences nosocomiales et pouvait, à la longue, aboutir à une épidémie; mais il en coûtait de repousser des hommes qui ne devaient être accueillis nulle autre part, qui nous suppliaient de ne point les abandonner dans la rue, et dont l'état de souffrance, le plus souvent aigu, exigeait des soins immédiats. Lorsqu'au 24 décembre, il nous fallut quitter Bourges pour suivre notre corps d'armée dans son mouvement sur l'Est, aucun de nous ne songea à s'en plaindre, car l'état sanitaire de notre petite troupe laissait déjà beaucoup à désirer et menaçait de s'aggraver. Du reste, nous pouvions partir, puisque nous avions tous payé un important tribut à deux des maladies régnantes, ou, pour employer une expression qui rendra plus claire ma pensée, à deux des maladies...courantes! C'était comme au temps de la peste décrite par le bon Lafontaine : « nous ne mourions pas tous, mais tous étaient frappés. » Bien heureux encore d'en être quittes à si bon compte.

Convaincu, sans doute, que nous n'avions ni assez de soucis ni assez de travail, le sous-intendant militaire, dont relevait la place de Bourges, ne sut qu'imaginer pour nous créer des embarras. Moyennant un recours plus que problématique contre l'Etat, il voulut nous imposer l'écrasante charge de nourrir à nos frais tous nos malades. Exiger pareille chose d'une ambulance dont le personnel était, en grande partie, libre du service militaire, qui s'était organisée et s'entretenait à ses frais, qui ne recevait aucune solde, fournissait les médicaments et les objets de pansement, et ne demandait à l'administration militaire qu'une faveur, celle de lui être utile ; exiger qu'à un moment de disette, nous nourrissions de nos deniers 250 personnes chaque jour, c'était vouloir simplement nous condamner à l'inaction. Après tout, tel était peut-être le dessein secret de ce cher sous-intendant, qui aurait pu affirmer ensuite, que notre unique travail consistait à nous croiser les bras, et que la société Internationale de secours aux blessés était décidément l'institution la plus inutile de France et de Navarre.

Contre ces prétentions pour le moins singulières, nous trouvâmes fort heureusement un appui des plus précieux et, j'ose le dire, des plus honorables pour nous, auprès de M. Friant, intendant général de la première armée de la Loire, et surtout auprès de M. Grail, intendant divisionnaire. Le hasard ayant fait que ces deux officiers supérieurs fussent logés dans le corps principal de l'hôtel de la rue Moyenne, où se trouvaient notre quartier général et notre première ambulance, ils purent tout à leur aise, pendant dix jours, nous examiner à l'œuvre. Convaincus, sans doute, que nous rendions quelques services, ils nous témoignèrent toujours la plus sympathique bienveillance. Sur leur ordre, on dut accepter à la gare toutes les évacuations que nous jugeâmes convenable d'y opérer, et nos bons de réquisitions, revêtus du cachet de l'intendance militaire, nous permirent de prendre chez les fournisseurs ce qui nous était nécessaire pour l'alimentation de nos malades.

Bien qu'ils se rendissent compte de la multiplicité de nos occupations, MM. Friant et Grail nous prièrent, le 17 au soir, de visiter un nombre considérable de malades ou de convalescents qui se trouvaient dans la caserne des Carmes et au petit séminaire. Notre chirurgien en chef, M. le docteur Riembault, et deux aides chirurgiens, se rendirent de suite au premier de ces deux locaux et commencèrent la visite par une ancienne église qui servait, je crois, de magasin à fourrages avant la guerre. Un spectacle des plus tristes nous y attendait. Cent cinquante ou deux cents hommes étaient couchés là depuis plusieurs jours, sur une paille aux trois quarts pourrie, sans visites de médecins, sans gardiens pour maintenir l'ordre, sans pansements, presque sans nourriture. Ils étaient comme oubliés de tous, et lorsque par hasard on apportait, sans le distribuer, le pain dont se composait exclusivement le repas, les fainéants l'enlevaient, parce qu'ils étaient plus agiles, et le soldat vraiment malade n'avait plus qu'à ajouter le jeûne à ses souffrances, si sa bourse vide ne lui permettait pas de faire venir quelques provisions de la ville.

Détail d'une importance extrême au triple point de vue de l'hygiène, de la propreté et du bon ordre : pour tous ces hommes, il n'y avait pas un seul vase de nuit ; pas une lampe pour éclairer cette immense salle. Seules, quatre ou cinq bougies, achetées par quelques soldats, brûlaient au milieu de la paille qu'elles pouvaient enflammer à chaque instant. Dans un coin, autour d'un mauvais poêle, riaient, criaient se bousculaient même, des lâches qui, pour ne pas reprendre le fusil restaient sur ce fumier. A peu de chose près, on se serait cru transporté dans une de ces ignobles tavernes que l'on rencontre dans certains quartiers de Londres et où se réunissent, pour y passer la nuit, les misérables et les vagabonds de la cité.

Certes, nous sommes loin d'applaudir aux reproches injustes et passionnés de ces gens qui critiquent tout parce qu'ils ne connaissent rien, et s'imaginent, par exemple, qu'un intendant nourrit

100,000 hommes avec une bouchée de pain. Ce sont ces mêmes personnages qui, achevant auprès d'un bon feu la digestion d'un excellent dîner, inventaient chaque jour des plans stratégiques nouveaux et merveilleux, découvraient mille moyens infaillibles de renverser toutes les combinaisons de M. de Moltke et de l'état-major prussien, faisaient marcher les armées à grands coups d'épingles sur leur carte, et qualifiaient imperturbablement nos généraux des épithètes d'ânes ou de vendus.

En tout ordre de choses, la critique est aisée, l'art difficile. Pour se former une opinion à peu près exacte sur les causes des événements qui se sont produits au cours de cette guerre néfaste, il est indispensable, ce nous semble, d'attendre le résultat d'enquêtes contradictoires, qui donneront vraisemblablement aux hommes et aux institutions la part de responsabilité qui leur est due. Mais ce qu'en thèse générale nous croyons pouvoir affirmer, ce qui est pour nous, comme pour bien d'autres, une conviction aussi profonde qu'impartiale, c'est que l'intendance française ne se lavera jamais complétement des graves reproches formulés contre elle par l'opinion publique et l'opinion de l'armée. Aux hommes spéciaux de dire, comment elle a su résoudre, en Crimée, en Italie et dans la dernière campagne, les immenses questions de subsistances, de transports, de campements, d'habillement, de solde, de contrôle, etc., qui rentrent dans ses attributions. A eux encore d'indiquer, dans quel sens on doit modifier sa situation hiérarchique vis-à-vis du commandement supérieur, son mode de recrutement et la faculté qu'elle a de se contrôler elle-même ; mais ce que pourraient affirmer tous les médecins, c'est que la direction du service de santé et le commandement du corps spécial qui en a la conception et l'exécution professionnelle, sont, comme le disait M. Michel Lévy avant l'apparition du typhus en Crimée, complètement en dehors de la compétence de messieurs les intendants. Nos blessés et nos malades ne seront soignés comme ils le méritent, que lorsque leur existence dépendra du seul homme ayant les connaisances nécessaires pour veiller sur elle, le médecin.

Avant de quitter cet abominable réduit de la caserne des Carmes, nous eûmes soin de distribuer un peu de linge et de charpie, et de faire les pansements urgents. Une odeur caractéristique et d'une signification précise attira le docteur Riembault auprès d'un zouave couché sur la paille. Ce pauvre soldat avait tous les orteils et une partie des pieds complétement gangrenés. Jamais il n'avait vu de médecin, jamais il n'avait été pansé. Nous envoyâmes quérir un de nos brancards pour le faire transporter dans nos salles. Tandis que nous l'examinions, un de ses camarades le consolait en lui disant : « T'as de la chance, mon vieux, si c'était l'été, la gangrène se f.....ait là dedans. » Ce brave soldat ignorait que la gangrène est le dernier terme d'une froidure localisée et que son compagnon d'armes était à tout jamais estropié.

Le lendemain 18, les 600 convalescents ou malades

que renfermait la caserne des Carmes passèrent sous les yeux du docteur Riembault assisté de deux d'entre nous. Ils furent rangés en trois catégories, comprenant : la première, ceux qui ne pouvaient retourner sous les drapeaux d'un mois et demi à deux mois et que nous dirigions provisoirement sur les hôpitaux du Midi; la deuxième, ceux auxquels il ne fallait que quelques jours de soins pour reprendre leur service et que nous gardions dans nos ambulances ; la troisième, ceux enfin qui étaient guéris, ou qui n'avaient jamais été complètement malades et que nous nous empressions de faire réintégrer au corps. Cette catégorie était formée des hommes que l'on appelle au régiment : *les carottiers*.

Le 19, un travail plus considérable encore nous retint au petit séminaire, où il fallut examiner et classer de la même manière qu'aux Carmes, environ 2,000 hommes (1). On sera sans doute étonné d'apprendre que, pour nous remercier de ces deux lourdes corvées entreprises sur la prière de MM. Friant et

---

(1) Ceux qui savent quelles sont les maladies habituellement observées dans les armées pourraient être surpris de n'en pas voir figurer une, la syphilis, dans l'énumération que j'ai donnée. Nous ne reçûmes que très peu de syphilitiques dans nos ambulances, parce que les places dont nous disposions pouvaient être mieux utilisées, mais un grand nombre d'entre eux passèrent sous nos yeux aux Carmes et au petit séminaire. On nous avait même recommandé d'être très-sévères à leur égard et de ne les dispenser du service, que lorsque nous les jugerions complétement incapables de le remplir. On avait cru remarquer, en effet, que beaucoup de soldats recherchaient les occasions de contracter cette maladie constitutionnelle, pour se faire ensuite renvoyer dans leurs foyers. J'ignore si en ce moment là, les dépêches officielles présentaient le moral de l'armée comme excellent.

Grail, à un moment où nous suffisions à peine à notre service ordinaire, M. le sous-intendant de Bourges blâma très-sévèrement notre conduite. Il souleva l'inévitable question de hiérarchie et de division des pouvoirs, et nous demanda de quel droit nous nous permettions d'empiéter sur les attributions des médecins militaires. Or, il faut dire que ces Messieurs insuffisants en nombre et accablés d'ouvrage, ne songeaient probablement pas à se plaindre, de ce que, dans un intérêt d'humanité, nous leur donnions notre concours.

Les désertions étaient alors des plus nombreuses et s'ajoutaient aux maladies pour dégarnir insensiblement les cadres. Jour et nuit, mais principalement la nuit, des patrouilles de marins parcouraient la ville pour appréhender les réfractaires et les rendre à l'exercice de leurs fonctions.

Ces braves matelots, qui formaient avec les troupes de ligne un contraste des plus frappants, s'acquittaient du reste admirablement de leur tâche. Un fantassin à l'air suspect, ou quelque innocent moblot, plus désireux de vivre pour la patrie que de mourir pour elle, cherchait-il à se glisser furtivement le long des murs : « Halte ! » criait l'officier de marine.

Les matelots s'arrêtaient instantanément.

« Votre permis de circulation, » poursuivait l'officier d'un ton sec qui n'admettait pas de réplique.

« Mon cap'taine, je... je... je... »

« F... tez-vous là dedans. Arrch ! »

Et les rangs s'ouvraient, et la patrouille continuait

son chemin pour recommencer quelques pas plus loin.

En ville, nous donnions nos soins au brave commandant du 12me de marche, le commandant Achilli. Cet officier, dont les forces avaient trahi le courage, souffrait encore de deux blessures reçues à Sedan, où, n'ayant pu mourir, il avait su sauver et son honneur et sa personne. Sans attendre une guérison trop lente pour son ardent patriotisme, il avait mis son épée au service de la défense nationale, et tenait la campagne depuis plus de deux mois, toujours à son poste pour soutenir le moral de ses hommes. A chaque visite il ne manquait jamais de nous demander s'il pourrait monter à cheval le lendemain. Il y remonta malgré nous.

Son découragement était profond. « Je me bats sans aucun espoir, nous disait-il un jour. Il faudrait à l'armée un homme supérieur, un de Moltke, et nous n'en avons pas. Un homme ! qui nous donnera un homme ! Et puis, que tenter avec des officiers pour la plupart improvisés et de mauvais soldats ? Nous ne sommes pas de force. Ceux qui auront du cœur se feront tuer, mais les défaites n'en viendront pas moins. » (1)

---

(1) Ce pauvre commandant, nommé colonel quelque temps après, devait voir ses tristes pressentiments réalisés pour l'armée et pour lui-même.

Deux mois plus tard, à notre passage en Suisse, nous lûmes dans une dépêche du général Billot au ministre de la guerre « que l'héroïque colonel Achilli était mort en protégeant la retraite du 18me corps d'armée le long de la frontière suisse. » Dans un voyage à Neufchâtel, entrepris pour offrir les services de notre ambulance au général Herzog, notre intendant eut l'occasion de causer avec le général sous les ordres duquel se trouvait le colonel Achilli. Ce général lui raconta, avec l'ex-

Tant que dura le travail de réorganisation ou d'essai de réorganisation de l'armée, nous restâmes avec elle à Bourges. On s'attendait à une attaque des Prussiens et, dans cette prévision, les 15me, 18me et 20me corps formèrent, du côté nord, une ceinture de protection à la ville. Il n'y eut point de grand combat, mais nos éclaireurs rencontraient journellement ceux de l'ennemi à Teillay, Neuvy-sur-Baranjon et la Chapelle d'Angillon. (1)

Le quartier général de notre corps d'armée, le 18me,

pression de la plus vive admiration, que le colonel Achilli était resté quarante-huit heures à cheval, presque sans manger, soutenant, de l'exemple, son régiment qui se battait avec acharnement pour couvrir le 18me corps. Quand il fut mortellement frappé, le 18me corps était hors de danger et pouvait continuer sa retraite par les routes des Verrières et des Fourgs.

Dans un article du *Correspondant* que j'ai eu l'occasion de citer, je trouve les lignes suivantes concernant la mort du colonel Achilli :

« Deux fois décimées par le corps prussien du général de Zastrow, nos troupes avaient été refoulées jusqu'aux premières maisons du village de la Cluse. Il fallait reconquérir l'espace perdu. Une colonne fraîche du 44me de marche, commandée par le colonel Achilli, est lancée en avant par le général Billot. Elle refoule les Prussiens et les fait reculer jusqu'à 500 mètres. Le colonel Achilli est tué à la tête de ses troupes

« Sorti de la légion étrangère, cette école de vigoureux officiers, il était venu commander le 44me de marche, et semblait avoir communiqué à ce régiment toute l'intrépidité de son âme. Depuis deux mois il allait au feu avec deux blessures ouvertes. Je garderai longtemps le souvenir de cet homme de guerre que je rencontrais habituellement dans les marches, à la tête de ses colonnes. avec un bras en écharpe, des vêtements en désordre, une physionomie calme et triste : sur sa figure semblait se peindre le présage de sa fatale destinée. » — Vicomte d'Ussel : *Correspondant* du 25 août 1871.

(1) Dépêche de Bourbaki à Chanzy, du 16 décembre. — *Chanzy, loc. cit.*

se trouvant à Saint-Martin-d'Augigny, notre chirurgien en chef y détacha une escouade dès le surlendemain de notre arrivée à Bourges. Afin d'être prête à toutes les éventualités, cette escouade s'assura la jouissance des deux châteaux de la Fongonnerie et de Montverron, près Saint-Palais. Sur le désir manifesté par un général, elle envoya un médecin et un aide aux extrêmes avant-postes de Mennetou-Salon (17 kil. de Bourges), où se trouvaient, dans le château de madame la princesse d'Aremberg, une trentaine de blessés. En outre, elle visita un nombre considérable de soldats malades ou atteints de coups de feu, au village de Saint-Martin et ne vint nous rejoindre à Bourges que lorsque commença le mouvement sur l'Est.

Le 20 décembre, on communiqua confidentiellement à nos chefs, le plan militaire nouvellement adopté. Renonçant à marcher sur Paris, son premier objectif, notre armée allait se diriger dans l'Est, pour essayer par une manœuvre hardie, de débloquer Belfort et de couper la base d'opérations des Allemands.

Nous tenions essentiellement à ne jamais quitter le corps d'armée auquel nous étions attachés aussi bien par devoir que par sympathie.

En conséquence, il fut décidé que le lendemain, 21, la moitié du personnel de l'ambulance et tout le matériel suivraient, par étapes, le corps du général Billot. Pendant ce temps, l'autre moitié du personnel, sur la demande de M. l'intendant Grail, continuerait le service de Bourges, quitte à nous rejoindre au premier signal.

Pendant douze journées de travail à Bourges, nous

avions traité, comme il résulte des statistiques par nous dressées, 954 malades ou blessés. Sur ce nombre 250 avaient reçu quelques soins de pansements et de la nourriture, sans toutefois séjourner dans nos ambulances ; 704 avaient été traités, abrités, nourris. En outre, nous avions visité et classé, soit aux Carmes, soit au petit séminaire, 2,600 hommes environ.

Le 24 décembre, notre campagne de l'Est commençait. (1)

(1) Une lettre de M. Gambetta à M. le général Chanzy peut donner une idée de ce que l'on espérait à ce moment du mouvement sur l'Est. Je cite cette lettre :

Lyon, 27 décembre 1870 -- ... La situation est grave. Elle exige de vigoureux efforts tant de votre part que de celle du général Bourbaki dont voici le plan d'opérations.

Toutes les dépêches et les renseignements recueillis s'accordent à reconnaître que les forces de Dijon et celles de Belfort, ont reçu des renforts importants, en sorte que dans l'ensemble de cette région, on peut avoir affaire à 80,000 hommes.

On a séparé le 18me et le 20me corps du 15me. On les a portés rapidement en chemin de fer sur Chagny et Beaune. Ces deux corps, conjointement avec Garibaldi et Cremer, sont destinés à s'emparer de Dijon, ce qui semble très-réalisable, puisqu'on fait agir 75,000 hommes environ contre 35 à 40,000. Pendant ce temps, Bressolles et son 24me corps sont portés par chemin de fer à Besançon, où ils réunissent les 15 à 18,000 hommes de garnison. Cette force totale de 45 à 50,000 hommes, opérant de concert avec les 70,000 hommes victorieux de Dijon, n'aura pas de peine à faire lever, même sans coup férir, le siége de Belfort, et offrira une masse compacte de 180,000 hommes, capable de couper les communications dans l'Est, malgré tous les efforts de l'ennemi.

La seule présence de cette armée ferait lever le siége de toutes les places fortes du Nord et permettrait au besoin de combiner plus tard une action avec le général Faidherbe. En tout cas, nous aurons la certitude de rompre définitivement la base de ravitaillement de l'ennemi. Quant au 15me corps, séparé des 18me et 20me, il a pour mission de couvrir Bourges et Nevers, en se retranchant dans les positions de Vierzon et en occupant fortement la forêt. S'il venait à être forcé dans cette première position, il rentrerait dans Bourges où il formerait une imposante garnison, en état d'arrêter la marche de l'ennemi. — *Chanzy, loc. cit.* page 240.

LE CREUSOT

Le 24 décembre, à trois heures du soir, par une pluie battante, la moitié du personnel de notre ambulance et tout le matériel se mettaient en route pour Sancergues, où le général Bourbaki nous avait donné rendez-vous deux jours auparavant. La nuit et le mauvais état des routes que la pluie avait profondément détrempées, ne nous permettant pas de faire une plus longue étape, nous nous arrêtâmes au village de Brécy, situé à 16 kilomètres de Bourges.

Dès nos premiers pas dans cette localité, un fanion d'état-major arboré à la fenêtre d'une maison nous prévint que nous ne trouverions ni nourriture ni logements. Ce fut, en effet, ce qui arriva. Cependant, l'extrême complaisance de l'honorable maire de l'endroit nous valut une petite écurie pour nos douze chevaux et quelques bottes de paille sur lesquelles nous pûmes dormir à côté d'eux.

Avant le coucher, une bonne vieille femme nous offrit sa chaumière pour y prendre notre repas du soir. Dix lanciers, escorte d'un général, formaient le cercle autour du feu. A notre approche, ils se lèvent et, nous voyant couverts de boue, mouillés, nous cèdent avec le plus grand empressement leur place auprès de l'âtre. En insistant beaucoup, nous finissons par leur faire partager notre modeste souper, qui se composait de pain de munition, d'une cruche de mauvais vin et de quelques viandes de conserve apportées de Saint-Etienne pour les cas : *in extremis*. Nous choquions fraternellement les cinq ou six verres dans lesquels on buvait à tour de rôle.

« Tenez, nous dit fort simplement un de ces braves soldats, les affaires ne roulent pas ; ça ne fait rien, buvons encore à la santé de la France ! » On juge si le toast fut porté de grand cœur.

Un abaissement de température aussi extraordinaire que subit se produisit dans cette nuit du 22 au 23 décembre. Quand nous quittâmes Brécy, le 23, de grand matin, l'épaisse couche de boue qui la veille encore recouvrait les routes, et dans laquelle on enfonçait jusqu'aux chevilles, s'était complétement solidifiée. Les rênes tombaient littéralement des mains de nos cochers, et, de toute la campagne, cette matinée fut incontestablement celle où nous souffrîmes le plus cruellement du froid.

Après avoir dîné et fait reposer nos chevaux à Sancergues (22 kilomètres de Brécy), nous poussons jusqu'à la Charité, à 8 kilomètres plus loin. En y arrivant, nous trouvons la ville encombrée de troupes que l'on dirige par les voies ferrées sur Chagny. On nous dit que le commandant en chef du 18me corps d'armée, le général Billot, est sur le point de partir. Désireux de prendre ses ordres, deux d'entre nous se détachent et finissent par le trouver, entouré de son état-major, dans le salon du chef de gare. Nous nous présentons comme membres d'une ambulance internationale attachée au 18me corps d'armée.

« Je suis très-mécontent de l'Internationale, nous réplique le général d'un ton fort sec. Quand je la cherche, je ne la trouve pas. Quand je puis me passer d'elle, elle se présente ; aussi, suis-je dans l'intention de demander sous peu son licenciement à M. le ministre de la guerre. Vous voyez que je vous parle très-carrément. C'est dans mes habitudes. »

Sans nous laisser désarçonner par cet exorde *ex-abrupto*, nous répondons à M. Billot, que nous n'avions pas mission pour défendre les ambulances internationales, mais que nous pouvions, s'il le désirait, soumettre à son jugement nos états de service à Châteauneuf, Bellegarde et Bourges. « Vous nous permettrez, général, dit l'un de nous en terminant, de ne point prendre notre part du blâme que vous venez de formuler. Du reste, nous vous demandons une seule chose : mettez-nous à même de vous rendre le plus de services possibles, et le plus tôt possible. Vous apprécierez ensuite. »

La netteté de ce langage ne parut pas déplaire à M. Billot, qui se radoucit subitement et nous donna très-gracieusement rendez-vous au Creusot pour le 27. Il nous proposa même de nous prendre avec lui en wagon, mais, comme il nous était impossible d'abandonner nos camarades et le matériel, nous nous contentâmes de le remercier de son offre.

Immédiatement après cette entrevue, nous fîmes parvenir à M. le docteur Riembault, à Bourges, un télégramme qui lui transmettait les instructions du général Billot et le prévenait que nous l'attendions à Nevers. Ce télégramme fut envoyé à une fausse adresse. Un second, eut le même sort. Ne recevant aucunes nouvelles, notre chirurgien en chef était dans les inquiétudes les plus vives. Pour les dissiper, deux de nos camarades, restés à Bourges, s'offrirent d'aller à notre recherche. Ils nous retrouvèrent à Nevers, après avoir franchi, malgré la neige et le froid, sans repos, et presque toujours à pied, une distance de 70 kilomètres environ.

Exactement renseigné par un troisième télégramme qui, cette fois, lui parvint, M. Riembault répartit rapidement dans les hôpitaux de Bourges les malades qui n'avaient pas encore été évacués, et put, avec la deuxième moitié de notre ambulance, nous rejoindre dans la journée du 25.

Effectué par une nuit glaciale, dans un wagon de marchandises ouvert à tous les vents, ce voyage avait été des plus pénibles, des plus accidentés ; mais, afin d'arriver exactement au rendez-vous du général Billot, M. le docteur Riembault résolut de partir le même soir pour le Creusot, avec deux docteurs, notre pharmacien en chef, le sous-intendant et trois aides. L'encombrement de la ligne par les transports de troupes, de matériel, d'approvisionnements, ne le lui permit pas. Nous restâmes trois heures et demie à la gare, guettant sur la voie, malgré le froid, tous les trains de passage. Il nous fut impossible de trouver place, même dans un fourgon de marchandises ou de bestiaux, et, maugréants, nous revînmes à Nevers, où nous passâmes le reste de la nuit.

Le lendemain, 26, la majeure partie de notre ambulance, suivie de tout le matériel, se dirigea sur le Creusot par la route de terre. Plus heureux, ceux d'entre nous qui, la veille, avaient vainement essayé de prendre un des trains à direction de Chagny, eurent le bonheur inespéré d'obtenir enfin deux compartiments de seconde. Nous partîmes avec une escouade d'une ambulance Lyonnaise, qui, infiniment moins fortunée que nous, attendait depuis trois jours à la gare de Nevers.

Pour agrémenter notre voyage, le hasard avait placé dans un de nos compartiments un déserteur garibaldien d'une trentaine d'années au plus. Sa physionomie était intelligente, expressive, singulièrement énergique. Bien que les chaînes fixées à ses deux poignets ne lui permissent pas de grands mouvements, deux gendarmes veillaient sur lui avec une sollicitude toute paternelle. Profitant d'un arrêt du train, Pandore descendit de voiture pour laisser sur la voie, ce que le médecin malgré lui de Molière appelait le superflu de la boisson. Il nous apprit que lui et son brigadier ramenaient ce déserteur de Toulouse et le conduisaient au quartier général de Garibaldi, à Autun, où, suivant toutes probabilités, on le... Et, clignant de l'œil, le brave gendarme accompagnait ce *le* d'un geste terriblement significatif.

Quant au prisonnier, une cour martiale composée d'amazones lui eût certainement pardonné d'être allé chercher, dans les environs de Toulouse, son régiment qui était à Autun. Il lisait Monte-Christo, et s'abîmait par moment dans la contemplation d'une photographie qui n'était certainement pas celle de son colonel.

A six heures et demie du soir, nous étions au Creusot.

Lorsque nous y arrivâmes, le 18me corps qui n'y avait jamais séjourné avait son quartier général à Chagny, 37 kilomètres plus loin, dans la direction de Dôle. Le 27, au matin, M. le docteur Riembault envoya auprès du général Billot notre pharmacien en chef et un aide-chirurgien. Le commandant du 18me corps parut très-satisfait de voir que, malgré des obstacles de tout genre, nous nous étions trouvés au Creusot au jour qu'il nous avait indiqué. Sur le désir qu'il en manifesta, notre chirurgien en chef se rendit auprès de lui, le lendemain, 28.

Il apprit à Chagny que la rigueur exceptionnelle de la température, entourant les opérations militaires de nombreuses difficultés, la marche de Bourbaki sur Besançon, ne s'effectuerait que très-lentement. Dans cette situation, rester quelques jours au Creusot était incontestablement, pour nous, le parti le plus sage, puisque nous pouvions forcer les étapes et rattraper le gros de l'armée aux premiers bruits de combat.

Ce fut à ce parti que l'on s'arrêta. M. le docteur Riembault pria M. l'intendant militaire Martini, chargé des ambulances, d'utiliser notre bonne volonté pendant toute la durée de notre séjour au Creusot. M. Martini accepta cette offre avec plaisir et empressement. Il nous assura que nous lui rendrions un réel service, en nous chargeant de 130 malades du 18me corps, et nous promit de nous prévenir, dès que le commandement en chef jugerait à propos d'ouvrir les hostilités.

Dans un rapport adressé peu de jours après à M. Martini, M. le docteur Riembault s'exprimait ainsi : « J'ai entendu dire que la population du Creusot avait la tête quelque peu mauvaise. J'ignore si cela est vrai, mais ce que je me fais un devoir d'affirmer, c'est qu'elle a le cœur bon. »

Rien n'était plus exact. Les malades que notre chirurgien en chef ramenait en chemin de fer de Chagny entraient en gare au Creusot, à six heures et demie du soir. Nous nous trouvions dans les derniers jours de décembre (le 20) et il était déjà nuit noire. Prévenu peu d'instants auparavant, le maire de la ville, M. Dumay, mit de suite à notre disposition les salles spacieuses de l'école communale des filles, et fit battre le tambour dans les rues, pour annoncer qu'il confiait les 130 soldats de notre ambulance, au patriotisme et à l'humanité des habitants du Creusot.

La population répondit à cet appel avec un empressement qui fit notre étonnement et aussi notre admiration. Les hommes nous arrivèrent portant sur leurs épaules, matelas, paillasses, couvertures, traversins, tous objets qui n'étaient certainement pas de trop dans leurs modestes logis, mais dont ils se privaient volontiers pour donner une couche convenable à nos soldats et leur faire oublier ainsi leurs fatigues et leurs souffrances. Les ménagères nous offraient, à profusion, du bouillon, du vin, de la viande, du pain, de la tisane, des confitures, des pastilles de gomme, que sais-je encore? Jamais, depuis notre entrée en campagne, nous n'avions vu nos blessés entourés d'autant de prévenances, d'attentions et de soins.

Certes, ils sont bien coupables, ces charlatans politiques qui, pour se faire un marchepied du peuple, exploitent les douleurs de sa pénible existence, attisent ses haines contre le riche et le capital, bourrent ses oreilles de sottises ou de flatteries intéressées, jettent le trouble dans ses idées, la convoitise dans son cœur, par les prédications d'un socialisme mauvais; lui parlent toujours de ses mérites et de ses droits, jamais de ses défauts et de ses devoirs. Parce qu'il est pauvre et déshérité, l'ouvrier n'en possède pas pour cela, comme se plaisent à le lui répéter ceux qui l'exploitent, toutes les perfections morales; (1) mais ce qu'on ne saurait, je crois, lui contester, c'est la générosité avec laquelle il partage

---

(1) M. Jules Simon, dont le témoignage ne saurait être suspect, a écrit ceci : « D'où vient le malaise de la plupart des ouvriers ? On est bien forcé de s'avouer qu'il vient d'eux-mêmes. Ce qui manque avant tout à l'ouvrier, c'est le règlement de sa propre vie. Le mal n'est pas dans la manufacture; il est à côté. Si jamais l'atelier est plein et le cabaret vide, la misère est vaincue. »

le peu qu'il a avec le camarade qui n'a rien; c'est une compréhension, plus parfaite peut-être que dans les autres classes sociales, de la grande loi de la solidarité.

Dès les premiers jours de la guerre d'Amérique, raconte M. Laboulaye (1), on proclama en langage biblique que le peuple tout entier regardait le soldat « comme la chair de sa chair et l'os de ses os ». On eut dit que les ouvriers du Creusot avaient compris le grand sens de cette parole, peut-être trop inconnue en France, où ceux que la guerre laisse dans leurs foyers, ne songent pas assez à ceux qui partent. Jusqu'à minuit, la porte de notre ambulance fut assiégée par des gens qui tous venaient nous offrir quelque chose, et aucun des 130 soldats qui nous étaient arrivés si inopinément, ne s'endormit sans avoir été convenablement réconforté. Les moins malades passèrent la nuit sur une épaisse couche de paille, dans des salles parfaitement chauffées. Ceux dont l'état de souffrance était plus aigu et exigeait plus de ménagements (fièvres typhoïdes, pneumonies, bronchites), reposèrent tous, dès ce premier soir, sur des paillasses ou des matelas.

Le 3, nous retrouvâmes nos camarades dont nous nous étions séparés à Nevers par suite de l'impossibilité d'obtenir leur transport par les voies ferrées. Ils avaient mis six jours pour franchir les 125 kilomè-

---

(1) « La médecine militaire en France et aux Etats-Unis, » par Edouard Laboulaye, de l'Institut : *Revue des Deux-Mondes*, 15 novembre 1869, p. 883.

tres qui séparent Nevers du Creusot et leur voyage n'avait pas laissé que d'être pénible. Maintes fois, ils s'étaient vus dans la nécessité de recourir à des attelages de bœufs et de pousser eux-mêmes aux roues, pour permettre à nos voitures, pesamment chargées, de franchir des rampes rendues glissantes par le verglas. Lorsque notre personnel fut ainsi au complet, nous pûmes organiser le service de nos malades dans des conditions qui, pour la première fois depuis notre entrée en campagne, présentaient toutes les garanties désirables au point de vue hygiénique et médical.

C'est pour nous un devoir de dire que nous fûmes admirablement secondés par les religieuses de l'ordre de Saint-Joseph, dans les écoles desquelles nous étions installés. Elles nous abandonnèrent leurs classes et s'offrirent comme infirmières, avec un empressement qui nous disait combien elles s'estimaient heureuses de pouvoir déployer un dévouement destiné à être aussi modeste que fécond en résultats. Tables et bancs furent enlevés avec une prestesse incomparable et firent bientôt place aux paillasses et aux matelas. Tandis qu'un certain nombre de ces bonnes religieuses quêtaient ou installaient des couchettes, leurs compagnes allumaient les poêles, distribuaient le souper et nous aidaient dans les premiers pansements.

Nous les vîmes à l'œuvre pendant plus de deux semaines. Comme tous les sentiments qui sont fortement réfléchis et prennent leurs racines dans les grandes et nobles idées du sacrifice et du devoir, leur dévouement ne connut pas de défaillances et fut au dernier jour ce qu'il était au premier. Dans nos salles, régnait une propreté exemplaire. Fréquemment, on introduisait dans le menu quelques petites modifications que nos soldats appréciaient bien, eux qui de longtemps ne s'étaient trouvés à semblable fête. Aux plus souffrants, ces excellentes religieuses prodiguaient avec une douceur et une délicatesse infinies, ces mille petits soins qui excercent parfois une influence décisive sur l'issue des maladies les plus sérieuses.

Sur nos 130 malades, 73 étaient atteints de pneumonies, bronchites, angines, congélations d'orteils; 12 de la variole; 16 de la dyssenterie; 17 d'affections syphilitiques; 12 de fièvres typhoïdes.

On avait concentré dans deux salles spéciales, les varioleux, dont un seul mourut, et les typhiques. Chez ces derniers, grâce aux fatigues, aux privations et au froid dont ils avaient souffert, étant déjà frappés par la maladie, celle-ci se présenta avec un caractère de gravité tel, qu'en dépit de tous nos soins, 5 malades sur 12 succombèrent. L'un d'eux nous offrit un cas de délire fort singulier. Pendant près de vingt-quatre heures, il siffla avec une invincible persistance et une force assez remarquable quelques phrases musicales qui, pour n'être guère variées, n'avaient cependant rien d'incohérent. Les râles de l'agonie embarrassaient ses voies respiratoires qu'il s'efforçait de siffler encore.

Celui d'entre nous auquel on avait confié la direction de cette salle de typhiques, chercha vainement à en éloigner la religieuse placée sous ses ordres, en lui exposant les dangers réels auxquels elle s'exposait : « Mais je serais bien trop contente de mourir ici, » lui répondit-elle simplement, et elle continua son pénible et périlleux service.

Une autre, que la population du Creusot paraissait entourer tout spécialement de sympathie et d'affection, avait pris sous sa protection la literie de nos malades. « Je ne serai tranquille que quand cette maudite paille aura complétement disparu de nos planchers, » nous dit-elle le lendemain de notre installation. Elle se mit à l'œuvre et réussit en effet à la faire disparaître.

Malgré le froid, et la délicatesse de sa santé, elle parcourait le Creusot en tous sens, quêtant, de part et d'autre, draps, paillasses, matelas, couvertures, et ne revenait presque jamais sans butin de ses charitables expéditions. A l'expression de joie sereine dont s'illuminaient sa physionomie et son regard, on devinait, sans peine, qu'elle était largement payée de ses fatigues et dédommagée de ses rhumes, lorsqu'elle avait pu placer un nouveau malade dans un lit complet, couvert de draps bien blancs et organisé avec cette perfection, je dirai même avec cette coquetterie, que des mains féminines savent seules trouver.

A cette spécialité elle avait ajouté une mission autrement pénible et triste, celle de soutenir et d'assister dans leur agonie ceux de nos soldats que la mort emportait. Je l'observais attentivement au chevet de ces moribonds, tout en paraissant m'occuper exclusivement des autres malades, et je dois le dire, je me sentais ému. N'en déplaise à nos esprits forts, c'était une consolation pour ces pauvres mourants qui succombaient loin des leurs, de voir autour de leur couche, à leurs derniers moments, une femme qui représentait la famille absente, une mère ou une sœur tendrement aimées.

Pendant notre séjour au Creusot, nos rapports avec la municipalité furent toujours excellents et nous n'eûmes qu'à nous féliciter de l'empressement que mit le maire, M. Dumay, à nous faciliter notre tâche hospitalière. Un incident d'une gravité réelle et auquel je crois devoir consacrer quelques lignes, nous fit cependant craindre un instant une rupture complète.

Depuis notre entrée en campagne, nous nous étions fait un devoir, non-seulement d'ensevelir dans une bière les soldats morts dans nos ambulances, mais encore de leur rendre les honneurs funèbres avec la dignité convenable. Le premier malade que nous perdîmes au Creusot, avait été emporté par une fièvre typhoïde. Il était mort après avoir très-volontairement accepté les secours de la religion catholique à laquelle il appartenait et que lui avait prodigués notre aumônier.

Lorsque, suivant l'usage, notre intendant fit la déclaration de décès à l'état civil, le représentant de l'autorité municipale lui déclara qu'il ne voulait point entendre parler de cérémonie religieuse et que l'on devrait se contenter de porter le corps au champ du repos. Nous ne tînmes, comme de juste, aucun compte de ces paroles, car il nous paraissait d'une suprême convenance d'enterrer ce pauvre soldat avec les prières de la religion dans laquelle il était né et dont il avait demandé le secours, à un moment où les plus sceptiques eux-mêmes, tremblent parfois devant la redoutable énigme de leurs destinées futures.

Froissée sans doute par notre attitude et le refus formel d'accéder à ses désirs, la mairie *oublia* de nous envoyer des porteurs. Notre intendant et quelques-uns d'entre nous prirent eux-mêmes les quatre bras du brancard, et accompagné d'un certain nombre de soldats convalescents qui avaient voulu suivre leur camarade à sa dernière demeure, le convoi se dirigea sans être autrement inquiété, vers l'église et le cimetière de la ville.

Le lendemain, la municipalité revenue vraisemblablement à une plus juste appréciation de notre conduite, qui n'avait certes rien d'inquisitorial, ou d'attentatoire à la liberté de conscience, nous offrit spontanément et de la meilleure grâce du monde, de faire accompagner désormais les *citoyens-soldats*, décédés dans nos ambulances, par un détachement de 60 hommes de garde nationale. Nous crûmes devoir refuser cette escorte d'honneur, pour ne pas occasionner une perte de temps assez considérale à de braves ouvriers qui avaient besoin de leur travail de chaque jour. M. Dumay apprécia cette raison, et nous n'eûmes jamais plus qu'à nous féliciter hautement de sa bienveillance à notre égard.

Tandis que, conformément aux instructions de l'intendance militaire, nous restions tranquillement au Creusot où nous retenait le soin de nos malades, l'armée de Bourbaki prononçait son mouvement sur l'Est. Le 24me corps, général Bressolles, avait été dirigé de Lyon sur Châlon-sur-Saône et de Châlon sur Besançon. Renforcé par les 7me et 2me corps allemands, venus, l'un de Metz, l'autre de Paris, le général Werder avait évacué le 27 décembre sa position exposée de Dijon pour se retirer à marches forcées sur Vesoul.

Le 8 janvier, Bourbaki était à Montbozon, sur la limite des départements de la Haute-Saône et du Doubs, avec le 18me corps. Les 20me et 24me avaient leurs quartiers généraux à Rougemont et Cuze. Le 15me corps était dirigé sur Clerval. Le 9 janvier, Werder qui, menacé de se voir couper sa retraite sur le Haut-Rhin, se portait de Vesoul à Montbéliard pour couvrir Belfort, fut attaqué entre Rougemont et Villersexel par les 18me et 20me corps français. Nous apprîmes, le 10 au matin, le succès remporté par nos troupes à Villersexel, succès qui tout réel qu'il fût, n'avait cependant pu empêcher le général prussien de gagner les lignes retranchées préparées depuis longtemps par l'armée allemande, entre Montbéliart et Héricourt.

A cette date du 10 janvier 1871, nous étions toujours sans ordres de l'intendance militaire. Le 4 ou le 5, M. le docteur Riembault avait écrit à M. l'intendant Martini pour lui donner un état détaillé du service qu'il nous avait confié et lui demander 150 nouveaux malades que nous aurions pu installer et soigner dans les écoles communales des garçons, grâce à la précieuse assistance des religieuses du Creusot. Cette première lettre resta sans réponse. Une seconde et une troisième eurent le même sort.

Afin de connaître les raisons de ce silence dont nous étions très-péniblement affectés, parce qu'il nous laissait incertains sur la conduite à tenir, et nous exposait à encourir des reproches, notre intendant se rendit, le 9, à Chagny. Il y apprit que les dernières colonnes de notre corps d'armée avaient quitté la localité depuis quelques jours, pour une destination inconnue. Il fut décidé le 10 que, sans attendre des ordres qui ne venaient pas, nous rejoindrions notre corps d'armée au plus vite. En conséquence, on se prépara à quitter le Creusot.

Sur nos 138 malades, 6 étaient morts; 43 complétement guéris avaient été renvoyés dans leurs régiments respectifs. Sur les 81 qui nous restaient, 62 incapables encore de reprendre leur service, furent dirigés en chemin de fer sur Châlon pour être répartis ensuite dans les hôpitaux de l'intérieur; 17 que l'on ne pouvait encore transporter, furent confiés à l'ambulance sédentaire du Creusot. A ceux qui partaient, nous fîmes une abondante distribution de chemises, chaussettes, caleçons, plastrons de flanelle, tricots, mouchoirs, bonnets de nuit, chaussons, etc. En outre, les sœurs avaient eu l'heureuse attention de lessiver soigneusement le peu de linge de corps que portaient nos soldats dans leurs sacs, et qui se trouvait, à leur arrivée au Creusot, dans un état impossible à définir. Ceux qui souffraient encore de congélations d'orteils, furent munis d'une paire d'immenses et solides sabots, dans lesquels leurs pieds pouvaient entrer avec les pièces de pansement.

Tous ces pauvres malades étaient on ne peut plus heureux de se voir aussi bien montés. Ils nous témoignaient leur reconnaissance à leur manière, et si nous avions pu leur faire quelque bien, ils nous en récompensèrent largement par de formidables *vivats*, lorsque nous nous séparâmes d'eux à la gare du chemin de fer.

Dès le 10 janvier au soir, notre matériel, chargé sur les wagons qui lui avaient été affectés, attendait en gare. Le 11, à midi, nous avions complétement terminé nos évacuations et nous nous trouvions prêts à partir; mais comme j'ai eu déjà l'occasion de le dire, c'était sur cette ligne de Nevers à Dijon, un encombrement, une confusion, dont on ne saurait se faire une idée, et force nous fut de patienter jusqu'au lendemain.

En ce moment, 20 trains chargés d'hommes, de chevaux ou de matériel, et échelonnés à 1,000 mètres les uns des autres, en avant du Creusot, attendaient depuis soixante-douze heures que la voie, rendue libre, leur permît d'avancer. Ce seul fait, aurait suffit pour nous démontrer, avec une bien triste évidence, que nous ne savions pas encore nous servir des chemins de fer, dont la tactique allemande avait fait un si redoutable engin de guerre.

Composée de soldats improvisés, n'ayant sur ses derrières, ni magasins d'approvisionnements, ni réserves, ni places fortes en état de se défendre, opérant, en outre, dans un pays de montagnes, par 12 ou 15 degrés de froid, l'armée de Bourbaki n'avait quelques chances de mener à bonne fin cette aventureuse expédition de l'Est, qu'à la condition d'agir activement et de battre Werder avant l'arrivée de Manteuffel, sur lequel on avait, à l'origine, une avance de six jours. Mais comment arriver à ce résultat quand on voyait ainsi 20 trains, portant 12 ou 15,000 hommes, immobilisés sur une voie pendant soixante-douze heures ?

L'extrême obligeance de M. le chef de gare du Creusot, nous permit enfin de partir pour Dôle, le 11, à quatre heures du matin. A une heure, la trompe d'appel nous avait réveillés et réunis. Nous nous dirigions sur Dôle, en passant par Beaune, Nuits et Dijon.

Les charmants coteaux qui environnent la petite ville de Nuits, portaient encore les traces du sanglant combat dans lequel des soldats de deux mois, ridiculement chaussés et vêtus, les légionnaires du Rhône, s'étaient conduits comme des héros. La gare était criblée de balles. Çà et là, dans les champs, quelques débris d'armes et d'uniformes. Les poteaux télégraphiques, abattus à coups de hache, gisaient étendus sur les talus.

Sans nous arrêter à Dijon, nous poussons jusqu'à Dôle. Nous y arrivons le vendredi, 13 janvier, à midi, transis de froid, par suite d'une immobilité de seize heures, dans des compartiments où des vitres cassées laissaient pénétrer une bise glaciale.

Besançon était notre véritable objectif. La rareté des trains qui y conduisaient, et la nécessité d'accorder un peu de repos à quelques uns d'entre nous qui se trouvaient trop fatigués pour se remettre immédiatement en route, nous arrêtèrent quarante-huit heures à Dôle. Nous quittions cette ville, le 15 janvier, à 11 heures du matin, pour arriver à Besançon seulement à minuit. Nous avions mis treize heures, pour franchir, en chemin de fer, une distance de 45 kilomètres. C'était, évidemment, brûler l'espace sur les ailes de la vapeur, comme on eut dit en style métaphorique.

A 500 mètres de la gare, nos deux locomotives à bout de souffle, et totalement épuisées par l'interminable train qu'elles remorquaient à leur suite, nous menacent d'une nouvelle quarantaine sur la voie. Aux trois quarts gelés, nous bouclons nos sacs et quittons ces compartiments maudits.

« Qui vive? » crient les sentinelles dans l'obscurité.

« France! » et nous passons.

Comme il était minuit, il ne fallait pas songer à entrer dans Besançon dont les portes étaient fermées depuis plusieurs heures, par suite de l'état de siége. Nous attendons jusqu'au lendemain dans une auberge du faubourg qui avoisine la gare. A défaut de lits, nous espérions trouver au moins du feu, mais les provisions de bois étaient complétement épuisées, et il nous fut impossible, à n'importe quel prix, de nous procurer quelques bûches pour passer la nuit.

Le lendemain, nous apprenions de M. le docteur Riembault et de notre intendant, qui nous avaient précédés d'un jour à Besançon pour y chercher des instructions précises, que sur le désir manifesté par M. l'intendant général Friant et M. Perraton, médecin en chef de l'armée de l'Est, nous allions partir immédiatement pour Clerval, où de nombreux blessés réclamaient des soins. Nous nous rendîmes de suite à la gare, où, après quatre heures d'attente, nous trouvâmes un train qui nous conduisit à Clerval.

CLERVAL ET MULHOUSE

Clerval est un village de 5 ou 600 âmes, situé sur la rive gauche du Doubs et la ligne ferrée de Dijon à Belfort, à 48 kilomètres de Besançon et 30 de Montbéliard. Lorsque nous y arrivâmes, le 16 janvier à huit heures du soir, la gare était tête de ligne pour le chemin de fer de Besançon à Belfort, chargé en ce moment des transports de troupes, de munitions et d'approvisionnements. C'est dire que le village était encombré, et qu'il était aussi difficile de s'y nourrir que d'y trouver un logement. Au presbytère, on consentit, d'assez mauvaise grâce, à nous céder une chambre où nous pûmes passer la nuit, étendus sur le plancher. Au matin du 17, on se réveilla plus ou moins mal reposé des fatigues des deux journées précédentes. A midi, on se mit à l'œuvre.

M. le docteur Perraton, médecin en chef de l'armée de l'Est, nous avait dirigés sur Clerval pour y relever une ambulance divisionnaire de cavalerie, qui devait suivre les mouvements de son corps d'armée, le 15me, (général Martineau). Prévoyant combien serait lourde la tâche que devait nous laisser cette ambulance, M. Perraton avait eu soin de nous affirmer que nous serions exclusivement chargés du service médical, et qu'un personnel d'administration militaire, mis à notre disposition, pourvoirait à l'entretien de nos malades. On paraissait avoir parfaitement compris que nous serions inévitablement débordés, s'il nous fallait nourrir, dans un village épuisé, les très-nombreux blessés qui devaient nous être confiés. Le souvenir des embarras que nous avait occasionnés, même dans une grande ville comme Bourges, cette importante question des subsistances, nous faisait apprécier infiniment le concours du personnel d'administration militaire qui nous était si formellement promis. Malheureusement, on se contenta de nous le promettre.

Dans la soirée du 17, l'ambulance de cavalerie du 15me corps fit ses préparatifs de départ, et le lendemain, elle nous laissait absolument seuls avec 500 blessés ou malades. La suite des événements nous porta à croire que MM. les chirurgiens militaires, plus au courant de la situation que nous ne l'étions nous-mêmes, avaient d'excellentes raisons pour nous abandonner lestement Clerval où les Prussiens devaient entrer sous peu. Des faits de la plus haute gravité venaient de se passer. Ils avaient complétement détruit, à la date du 17 janvier au soir, toutes les espérances qui reposaient sur cette campagne de l'Est dans laquelle la France jouait son dernier enjeu. Dans les journées des 15, 16 et

17, Bourbaki avait vainement essayé de faire franchir à ses troupes la ligne qui s'étend de Montbéliard à Héricourt, et derrière laquelle le général de Werder s'était formidablement retranché. Le 18, notre armée battait en retraite, repoussée en avant par Werder et menacée sur ses derrières par l'arrivée de Manteuffel.

Lorsque nous consentîmes, dans un intérêt d'humanité, à prendre la succession des médecins militaires du 15me corps, les 500 blessés ou malades qu'ils nous laissaient se trouvaient dans une situation des plus déplorables. Cette situation, j'ai hâte de le dire, était imputable aux seuls événements, non au personnel chirurgical qui nous l'avait transmise, et qui ne pouvait pas plus éviter l'encombrement, qu'improviser des ressources sur place. Quoi qu'il en soit, ces malheureux soldats, réunis dans quatre locaux différents, étaient entassés à un point tel, qu'ils se touchaient tous, et qu'il y avait à peine, au milieu de chaque salle, un étroit passage pour le va-et-vient du service.

Je puis affirmer, sans aucune exagération de langage, qu'ils reposaient sur du fumier. En effet, n'ayant pas été renouvelée depuis plus d'une semaine, la légère couche de paille sur laquelle on les avait primitivement étendus, n'avait guère tardé à se corrompre, souillée, comme elle l'était incessamment, par les produits de suppuration des plaies, par l'expectoration, quelquefois même par les déjections des malades, dont un bon nombre, affectés de dyssenteries ou de diarrhées intenses, manquaient à peu près complètement de vases de nuit et n'avaient pas assez de force pour se transporter aux cabinets d'aisance, généralement incommodes et éloignés des salles. Dans ces appartements encombrés, on respirait une atmosphère méphitique et repoussante, dont se trouvaient très-péniblement affectés ceux-là même que la pratique des grands hôpitaux avait habitués aux odeurs produites par les agglomérations de malades. C'était pitié de voir ces pauvres soldats qui, fort souffrants pour la plupart, étaient encore insuffisamment nourris et dévorés par la vermine.

Que le lecteur veuille bien me pardonner ces détails. Je n'ignore pas ce qu'ils ont de repoussant, mais comme l'observe judicieusement le docteur Shrimpton, on n'a pas tout dit, lorsqu'on a décrit les mouvements des troupes et les péripéties des batailles, car il reste encore à parler du soldat, l'éternelle victime de toutes ces belles tragédies. Assurément, ce serait une étrange illusion de croire qu'on supprimera la guerre, en racontant ses atrocités. L'idée de la paix universelle paraît destinée à rester bien longtemps encore le rêve des bonnes âmes. Ce n'en est pas moins un devoir pour ceux qui ont assisté à ces boucheries humaines, ou qui en ont vu les résultats, de dire, sans réticences comme sans exagérations, au prix de quelles souffrances s'achète ce qu'on est convenu d'appeler la gloire militaire.

La soirée du 17 janvier et les trois journées des 18, 19 et 20, furent employées à mettre un peu d'ordre dans cette inextricable confusion, et à prendre toutes les mesures hygiéniques que les diverses circonstances de temps et de milieu nous permettaient d'appliquer. Notre premier soin fut de réquisitionner assez de paille fraîche pour renouveler complètement l'infecte literie sur laquelle reposaient nos soldats. Ce n'était pas là, comme on pourrait volontiers le croire, un travail insignifiant ; car, tandis qu'on appropriait et désinfectait, à l'acide phénique, la moitié d'une salle, il fallait en transporter les blessés du côté non encore approprié de l'appartement et qu'occupaient d'autres malades ; puis on procédait pour ces derniers comme pour leurs camarades. La vermine s'était naturellement répandue dans les vêtements de tous ces hommes. Comme ils étaient sans effets de rechange, et que, d'autre part, le froid et l'absence à peu près complète de couvertures, les obligeaient à dormir vêtus, nous dûmes répéter tous les trois ou quatre jours ce travail de nettoyage et d'appropriation, pour lequel, dans les derniers temps, la paille elle-même fut sur le point de nous manquer.

La pénurie de grands locaux et les avantages immenses qui résultent toujours de la dissémination des malades, nous firent répartir les 500 hommes que nous avaient confiés les chirurgiens militaires dans cinq ambulances différentes, établies, la 1re à la mairie, la 2me dans un pensionnat de religieuses, la 3me chez le percepteur, la 4me chez le juge de paix, la 5me, enfin, dans une grande ferme abandonnée, située à une extrémité du village.

A ces cinq ambulances nous en ajoutâmes encore une autre pendant la dernière semaine de notre séjour à Clerval, car on transporta quelques grands opérés dans un petit château, qui se serait fort bien prêté à une installation de 30 ou 40 malades, mais qu'il eut fallu arracher de force à ses propriétaires pour avoir le droit d'en disposer. Ils nous abandonnèrent trois pièces, lorsque l'arrivée des Prussiens fit supposer que les seules maisons protégées contre les réquisitions, seraient celles couvertes par le pavillon de la croix rouge.

Sur nos 500 malades, 370 rentraient dans la catégorie, toujours la plus nombreuse, des malades proprement dits ; 130 dans celle des blessés. Les 370 malades se répartissaient à peu près de la manière suivante (1) : 150 étaient atteints de la variole ; 50 du typhus ou de la fièvre typhoïde ; 70 de dyssenterie ou de diarrhée ; 100 de congélations, d'affections des voies respiratoires (pneumonies, bronchites, laryngites, etc.) ou d'autres maladies trop peu fréquentes pour que j'en fasse une classification séparée.

Afin d'éviter les dangers de la contagion, on concentra les varioleux et les typhiques dans deux ambulances spéciales. La variole se présentait généra-

(1) La multiplicité de nos occupations ne nous permit pas de dresser, à Clerval, des états de service absolument exacts et parfaitement détaillés. Débordés d'ouvrage, avec un personnel réduit par la maladie, nous fîmes tout naturellement passer les intérêts de nos blessés avant ceux de la statistique. Je suis donc obligé de donner des chiffres ronds, mais ce que je puis affirmer, c'est que tous nos chiffres sont plutôt au-dessous qu'au-dessus de la vérité.

lement avec des caractères de confluence plus ou moins marqués, c'est-à-dire sous sa forme la plus grave. La mairie réunissait tous ces varioleux dont l'aspect était repoussant. Celui de nos aides-chirurgiens qui fut chargé de ce service pénible et dangereux, était forcément obligé de passer sa journée entière dans ces salles où, sous la triple influence de l'encombrement, de la nature de la maladie, et d'une malpropreté inévitable, on respirait l'air le plus corrompu qui se puisse imaginer.

Plusieurs de ces varioleux, frappés de délire, exigeaient une surveillance ininterrompue. A chaque instant, ils quittaient la paille sur laquelle ils étaient couchés pour courir à travers les salles, s'embarrassant dans les jambes de leurs voisins, tombant sur eux, menaçant même de les frapper. Un de ces malheureux, profitant d'un moment où l'aide-major et les deux infirmiers de garde étaient occupés dans un appartement voisin, ouvrit une fenêtre, se précipita d'un premier étage très-élevé, et se brisa le crâne sur les pavés de la rue. Le seul service des varioleux, pour être fait dans des conditions convenables, eut demandé qu'on lui affectât un emplacement deux fois plus grand et le tiers de notre personnel, ce qui était complètement impossible.

Le typhus fut très-meurtrier. Il nous enlevait, en moyenne, deux hommes sur trois. Cette mortalité de 66 % paraîtra peut-être très-élevée; elle n'a cependant rien d'anormal pour ceux qui savent quels ravages exerce toujours cette redoutable maladie qui, en Crimée, dans le seul hiver de 1856-57, nous fit perdre 10,278 hommes sur 19,303 typhiques (1). La mortalité pour les fièvres typhoïdes fut beaucoup moins élevée. Les dyssenteries et les diarrhées que nous observâmes, étaient pour la plupart très-accusées, et quelques dyssentériques succombèrent. Les affections des voies respiratoires guérirent à peu près toutes.

Sur les 130 blessés (effectif moyen), la plupart étaient atteints de blessures graves, exigeant des pansements fréquents, longs, parfois même difficiles, et quelques opérations, telles qu'amputations, désarticulations, résections, extractions de projectiles, débridements, etc. Le seul examen de nos blessés eut suffi pour nous démontrer que la tactique militaire avait été profondément modifiée, et qu'en perdant la baïonnette, nous avions perdu une de nos plus incontestables supériorités. En effet, sur 5 ou 600 blessés qui passèrent sous nos yeux en trois semaines, pas un seul n'était porteur d'une plaie par arme blanche. Tous avaient été frappés par des éclats d'obus ou des balles.

Chez nos français, les blessures par éclats d'obus l'emportaient sur les blessures par balles, à peu près dans la proportion de trois contre une. La différence était renversée chez les 35 ou 40 Allemands (Prussiens, Saxons, Silésiens) qui se trouvaient dans nos

---

(1) Je crois même que dans ce chiffre de 19,303, sont compris les typhus et les fièvres typhoïdes proprement dites. Or, la mortalité de la fièvre typhoïde est de beaucoup inférieure à celle du typhus.

salles, et provenaient, soit de Villersexel, soit des combats devant Montbéliard. Ces résultats n'étaient malheureusement que trop conformes à ce que nous racontaient nos soldats de l'artillerie prussienne. Par la vitesse et la précision de son tir, le nombre et la longue portée de ses pièces, elle faisait leur désespoir; car, que pouvaient-ils avec des canons de 8 et même de 4, contre les énormes pièces de 24 qui défendaient les positions allemandes et balayaient le terrain à des distances prodigieuses?

Les éclats d'obus produisaient parfois des plaies véritablement hideuses, étendues, irrégulières, à lambeaux contus et déchiquetés. Plus bénignes en apparence, en raison de leur étroit trajet, les balles n'en entraînaient pas moins assez souvent des désordres de la plus haute gravité, tels que fractures en éclats avec esquilles, plaies articulaires, ouvertures des grandes cavités. Pour les fractures, des gouttières de fil de fer, appareils simples, légers, facilement transportables, peu coûteux et d'une application commode, nous rendirent les plus grands services.

Les balles prussiennes, que nous retrouvions quelquefois dans les plaies, étaient régulièrement ovalaires, non cylindro-coniques comme les balles françaises. N'ayant observé qu'un petit nombre d'allemands blessés, nous n'avons pas disposé d'assez d'éléments de comparaison pour apprécier, bien exactement, les différences que pouvaient entraîner les deux sortes de projectiles, au double point de vue de la forme et de la gravité des plaies. Cependant, toutes choses égales d'ailleurs, nous croyons la balle du Dreyse moins puissante et moins dangereuse que celle du Chassepot. En général, l'ouverture d'entrée de cette dernière était plus grande que l'ouverture de sortie. Si mes souvenirs sont exacts, nous eûmes deux ou trois exemples de ces déviations singulières (analogues aux effets de billards) qu'affectent parfois les projectiles, lorsque dans la deuxième partie de leur course, ils rencontrent une surface résistante comme un os. C'est ainsi que, chez un blessé de l'ambulance des sœurs, nous vîmes une balle qui, après avoir suivi toute la courbure d'une côte, était sortie dans un point du thorax diamétralement opposé à celui par lequel elle était entrée. Le soldat croyait avoir reçu ce projectile à une distance d'environ 600 mètres.

Un chirurgien Américain a dit que l'on devait pouvoir suffire en campagne à toutes les exigences importantes de la médecine et de la chirurgie, avec de l'eau froide, du perchlorure de fer, du quinquina, du laudanum et du chloroforme. Cette assertion nous semble exacte, et notre thérapeuthique n'eut guère pour agents que les médicaments que je viens de citer. C'est tout au plus si on leur ajouta le bismuth et le diascordium.

A la rigueur, on aurait pu s'en tenir, pour les plaies, aux pansements à l'eau froide, dont les médecins Américains se sont si bien trouvés dans la guerre de sécession et qu'emploie fréquemment la pratique chirurgicale anglaise. En général, cependant, nous eûmes recours au pansement désigné sous le nom de pansement simple et qui consiste en un linge troué, cératé, des plumasseaux de charpie, une compresse et quelques tours de bande. Les plaies par éclats d'obus, généralement vastes et donnant lieu à une suppuration profuse, étaient lavées avec des liquides excitants ou désinfectants, tels que l'alcool camphré et l'eau phéniquée.

Suivant l'exemple de nos chefs, que nous trouvions toujours les premiers sur la brèche, chacun de nous, je puis le dire avec vérité, fit son devoir. Personne ne recula devant la peine ou le danger, et cependant nous ne suffisions pas à la tâche, grâce au grand nombre des malades et des blessés et à leur renouvellement incessant, grâce, surtout, aux difficultés incroyables que soulevait cette maudite question des subsistances.

En prenant comme effectif moyen des hommes qui ont séjourné pendant 17 jours dans nos ambulances, le chiffre de 350 que je crois très-modeste, nous aurions à notre actif 4,950 journées de malades (350 × 17 = 4,950). Nous avons traité, logé et nourri 1,404 blessés ou malades. Dans ce total ne sont pas compris un grand nombre de soldats, qui n'étaient pas assez fatigués pour être admis dans nos salles, mais que nous pansions, s'ils avaient quelque blessure et auxquels on donnait à peu près toujours une ration de pain, de viande, de bouillon et de vin, avant de les renvoyer. 950 hommes figurent à ce titre sur les régistres que nous avons dressés.

Nous eûmes le bonheur de rencontrer à Clerval,

un chirurgien d'une ambulance internationale bourbonnaise, M. le docteur Beauregard, qui, dans une retraite, avait été séparé des siens. Le concours qu'il voulut bien nous offrir nous fut des plus précieux, car jamais nous ne nous étions trouvés en présence d'une situation aussi difficile. Notre pharmacie préparait quatre tisanes différentes : tisane de riz pour les dyssentériques et les diarrhéiques ; tisane pectorale pour les affections des voies respiratoires ; tisane vineuse et alcoolique pour les hommes dont il était nécessaire de relever les forces. On ne s'imagine pas quelle prodigieuse consommation faisaient nos pauvres soldats, altérés par la fièvre, de ces boissons diverses. Du 17 au 22 janvier, on distribua 800 litres de tisane par jour ; 500 du 23 janvier au 2 février.

Notre matériel de cuisine, acheté ou loué sur place, était des plus primitifs et son insuffisance entraînait des pertes de temps considérables pour la préparation des tisanes et du pot-au-feu que l'on servait aux malades, le matin, à dix heures, après la visite, le soir, à six heures, après la contre-visite. Deux infirmiers étaient exclusivement occupés à porter de l'eau ; deux autres à fendre du bois. Nos palefreniers étaient constamment en course avec leurs chevaux pour les réquisitions de viande, pain, fourrages, bois.

L'intendance, à son départ, nous avait munis d'un bon de réquisition générale qui nous permettait de prendre chez les fournisseurs ce dont nous avions besoin pour l'entretien de nos malades ; mais on aura peu de peine à comprendre qu'un village de 600 âmes, traversé par des troupes depuis plusieurs semaines et éloigné des grands centres de population, ne pouvait offrir beaucoup de ressources. Dans les derniers jours, nous en fûmes réduits à acheter la viande sur pied et à faire moudre notre blé pour avoir du pain.

Le patriotisme des habitants n'avait rien de particulièrement remarquable. C'est ainsi qu'il nous fallut souvent fouiller les caves pour y prendre d'autorité le vin que l'on refusait de nous céder et qui était cependant indispensable à nos blessés et à nos malades. Dans les villes et villages où nous avions séjourné depuis notre entrée en campagne, nous avions toujours trouvé MM. les ecclésiastiques heureux de prendre leur part de notre œuvre de charité et de dévouement. A Clerval, par exception, il n'en fut rien, absolument rien.

Débordés d'ouvrage, ne disposant pas de locaux suffisamment spacieux, et ne trouvant qu'avec la plus grande peine les substances alimentaires de première nécessité, nous n'accordions l'entrée et le séjour de nos ambulances qu'aux hommes véritablement très-souffrants. La porte était impitoyablement fermée à ceux dont l'état n'avait rien de bien aigu. Comme ils étaient cependant plus ou moins fatigués, ils s'en allaient maugréant, parfois même véritablement furieux ; mais que pouvions-nous faire pour eux, avec des salles si complètement remplies que l'on ne savait où poser le pied pour panser les blessés ?

Ceux-ci nous arrivaient jour et nuit, à pied, lorsqu'ils pouvaient encore se traîner, dans des charrettes de paysans, lorsqu'il leur était impossible de marcher. Assurément, tous étaient à plaindre, mais quelques-uns faisaient plus particulièrement pitié.

Je me souviens, entre autres, d'un mobilisé du Rhône qui m'aborda dans la rue. Le malheureux se soutenait à peine, appuyé, d'un côté, sur le bras d'un aumônier de régiment qu'il avait heureusement rencontré (1), de l'autre sur son Remington qui lui servait de bâton. La souffrance avait douloureusement contracté ses traits, bleuis par le froid. Il était littéralement à bout de forces et tremblait de tous ses membres.

Pour lui donner une place dans l'ambulance des sœurs, il fallut renvoyer, tant l'encombrement était porté à ses dernières limites, un autre malade incomplètement guéri. Ce brave légionnaire avait toute la partie moyenne et postérieure de la cuisse droite emportée à une profondeur de trois centimètres par un éclat d'obus. Blessé depuis près de deux jours, il n'avait pas encore été pansé. Sa chemise s'était collée sur sa plaie en pleine suppuration et qui exhalait une odeur fétide.

La gaîté, chacun le sait, est une des caractéristiques du soldat français. Quand notre légionnaire se vit bien pansé, lorsqu'il eut sa place sur la paille et

---

(1) Je sus, le soir, que cet aumônier était M. l'abbé Devun, de Saint-Etienne.

qu'il se sentît réchauffé par une demi-gamelle de bouillon et un verre de vin, sa joie ne connut plus de bornes. Il est juste d'ajouter qu'un louis de dix francs, tombant inopinément dans le gousset d'un troupier, exerce sur lui une influence énorme, supérieure même à celle du protoxyde d'azote ou gaz hilarant. Or, grâce à l'heureuse rencontre de son aumônier, le mobilisé du Rhône avait eu cette bonne fortune. Le contentement général dans lequel il était, le lança sur le chemin des confidences.

« Cré coquin, dit-il à celui d'entre nous qui le pansait, je n'ai pas de chance. Imaginez-vous que je devais me marier le lendemain de la déclaration de guerre. Ça allait si bien! et puis tout d'un coup, crac! »

Les camarades ne laissèrent pas tomber le mot. « T'attendra-t-elle, au moins? » demandait-on à chaque instant à cet infortuné célibataire? Se plaignait-il un peu pendant qu'on essayait de régulariser sa plaie? On l'exhortait à la patience en lui disant qu'à son retour au pays (Vaux, en Beaujolais) *la payse* l'éconduirait lestement s'il n'était pas plus présentable.

Pour créer des places aux nouveaux arrivants, nous comprenions dans des évacuations incessantes, tous les hommes qui pouvaient supporter le voyage sans danger très-immédiat. Je dis sans danger très-immédiat, mais non sans danger aucun, et à *fortiori*, sans fatigue, car ces évacuations qui resteront parmi nos plus pénibles souvenirs, s'opéraient dans des conditions déplorables. Celle du 22 janvier, qui fut la dernière et la plus importante, est encore présente à ma mémoire.

A cette date, tout était bien fini. La France était vaincue. Enfermée, déjà, dans un cercle de fer qui allait toujours se resserrant, notre pauvre armée marchait, par une sombre retraite, vers la catastrophe suprême, digne de nos malheurs, qui devait jeter 80,000 français sur le territoire suisse. Des régiments qui se dirigeaient sur Pont-de-Roide, traversaient Clerval dans le plus pitoyable état. Brisés de corps et d'âme, épuisés par la faim, couchant depuis près de quinze jours dans la neige, par un froid de 15 degrés, misérablement vêtus, couverts de boue, les hommes marchaient silencieusement, péniblement. Notre devoir à nous était, quoiqu'il put arriver, de rester avec nos blessés. Nous restâmes.

Le 21, l'intendance militaire nous avait envoyé un certain nombre de cacolets et de voitures Masson qui, réunis à nos deux breacks, nous avaient permis de transporter un bon nombre de blessés à la gare, éloignée d'environ un petit kilomètre de nos ambulances. Le 22, on nous prévint que la voie ferrée allait être interceptée dans la soirée et que le dernier train, à destination de Besançon et de Lyon, quitterait Clerval sur les trois heures. Nous avions alors 600 hommes dans nos salles. Après le départ de l'intendance, nous étions menacés d'une disette de vivres à peu près complète. Il fallait donc évacuer sur une grande échelle. 200 hommes furent désignés pour partir. 100 l'avaient eux-mêmes demandé, ne voulant à aucun prix, disaient-ils, tomber entre les mains des Prussiens.

Vif encore, le froid s'était cependant radouci depuis la veille. Piétinée par les troupes, la neige qui tombait à gros flocons avait recouvert les routes d'une épaisse couche de boue. En deux heures, et avec nos deux breacks, nous ne pouvions, évidemment, transporter à la gare 300 malades ou blessés. Ceux pour qui la marche était une impossibilité absolue furent seuls placés dans nos voitures. Les autres marchaient comme ils le pouvaient, se soutenant mutuellement, s'appuyant sur leurs fusils, quand ils avaient encore un fusil. Ils avançaient à petits pas et s'arrêtaient fréquemment pour reprendre des forces. J'ai honte de le dire : un bon nombre n'avaient pas de souliers ! Ils marchaient nu-pieds dans la neige et la boue, souillant ainsi les pièces de pansement dont nous avions entouré, avant le départ, leurs pieds congelés.

Quelques-uns d'entre nous avaient été désignés pour installer dans les wagons les hommes les plus souffrants. Le train qui devait emporter nos 300 malades emmenait encore le matériel et le personnel du chemin de fer, des employés de la télégraphie militaire et 300 soldats fatigués, que l'armée dans sa marche avait semés derrière elle. Sur les 50 wagons qui composaient ce convoi, il n'y en avait pas un seul de troisième classe. Tous étaient des wagons à charbon. A peine comptait-on trois ou quatre fourgons de marchandises couverts, que les soldats se disputaient afin d'y être à l'abri de la neige et un peu du froid. En usant d'autorité, nous les fîmes évacuer par ceux qui les occupaient à notre arrivée à la gare, et qui étant les moins souffrants avaient pu les escalader les premiers. On les affecta exclusivement à ceux qui en avaient un besoin plus réel. Inutile d'ajouter qu'il n'y avait ni siéges, ni bancs, ni paille.

Dans l'un de ces fourgons, coupés-lits de cet abominable train, nous hissâmes un petit chasseur à pied qui était le boute-en-train de l'ambulance des sœurs et que tout le monde aimait. Il était amputé du bras gauche depuis quinze jours. Nous avions voulu le garder avec nous; mais pour ne pas revoir les Prussiens qu'il gratifiait d'épithètes peu académiques, il avait demandé énergiquement son évacuation. « Si ma pauvre mère me voyait comme ça ! » disait-il en soutenant de sa main droite le moignon de son bras coupé, et deux larmes mal dissimulées mouillaient ses yeux.

Quand tous nos malades furent installés dans ces wagons où l'on n'aurait osé mettre les bestiaux, le train attendit encore plus de deux heures sur la voie ; et la nuit venait, et la neige couvrait tous ces malheureux que des vêtements en loques ne protégeaient pas contre le froid. Ce spectacle avait je ne sais quoi de déchirant.

La vue de ces wagons sur lesquels de malheureux blessés allaient grelotter toute la nuit, et peut-être même une partie du lendemain, nous rappela ce que le peuple Américain, dans la guerre de sécession, avait fait pour le transport de ses blessés. Hélas! la comparaison était triste pour notre amour-propre.

Comme le disaient dans une lettre adressée au ministre de la guerre, quatre hommes qui furent les organisateurs de la commission sanitaire des Etats-Unis, le pasteur Bellows, les docteurs E. Harris, Harsen et Van Buren, l'Amérique avait compris que dans la conduite de la guerre, on doit faire pour la santé, le bien-être et le salut du soldat, tout ce que réclament la science, l'humanité, l'affection la plus tendre (1). Le docteur Harris inventa un *wagon-hôpital*, qui permettait de transporter les blessés en chemin de fer, sans les déplacer du brancard-couchette où on les avait mis après l'opération ou le pansement. On transporta ainsi, presque sans fatigue et assurément sans danger, 100,000 blessés ou malades sur les chemins de fer de l'Est, et plus de 125,000 sur les chemins de l'Ouest (2). Pour les transports sur les fleuves ou par mer, on employa ces magnifiques hôpitaux flottants, *Hospital-Steamer*, imaginés par le docteur Hoff : voilà comment l'Amérique faisait voyager ses blessés. En France, quand on ne les jette pas dans des wagons à charbon ou à bestiaux, on les entasse dans ces voitures cellulaires, suprêmement incommodes, qu'on appelle des compartiments de 3ᵐᵉ classe.

Si ce que nous avons vu à Clerval n'était qu'un

(1) *History of the sanitary commission*, p. 520

(2) *Id.* p. 164, cité par Laboulaye.

fait isolé, je n'y insisterais pas. La situation était exceptionnelle; l'armée battait précipitamment en retraite, et il n'y a jamais de retraite sans désordre; mais ce qui se passait sous nos yeux dans le Doubs, nous l'avions également observé à Bourges, au Creusot, partout. Au Creusot, les hommes que nous dirigions sur Châlon, attendirent un jour et demi dans la gare, tout en croyant partir d'une seconde à l'autre. A Bourges, toutes les évacuations se faisaient à la nuit tombée, le chemin de fer ne pouvant disposer d'un train qu'à ce moment-là. C'était, dans cette obscurité, une confusion, un désordre sans nom.

Je me rapelle un pauvre turco, aveugle par suite de cette affection qu'on nomme héméralopie, et dans laquelle on perd la faculté de voir aussitôt que le soleil est descendu au-dessous de l'horizon. Ce turco eût été renversé et foulé aux pieds dix fois, si nous ne l'eussions accompagné et installé nous-mêmes dans un compartiment. Il était bien convenu qu'aucun malade ne devait monter en chemin de fer sans avoir été préalablement examiné par un chirurgien militaire. Or, sait-on combien il y avait de médecins pour passer en revue les 8 ou 900 hommes qui partaient chaque soir? un seul. Nous suivions nos soldats jusqu'à la gare. Nous les quittions dans les salles d'attente. Trois ou quatre heures après, ils revenaient frapper à notre porte, transis de froid. Le train promis et attendu ayant fait défaut, on les avait renvoyés; et cela se reproduisait, en moyenne, un jour sur trois. Ceux qui avaient la bonne chance de partir, étaient entassés dans des voitures de 3me classe ou des wagons à bestiaux. Les fenêtres des premières, comme je m'en assurai un jour en visitant les portières, étaient généralement dépourvues de vitres. Tous ces wagons exhalaient, grâce à leur malpropreté, une odeur repoussante, et les malades avaient devant eux la perspective d'un trajet de vingt-quatre ou trente-six heures, car on les dirigeait tous sur Avignon, Marseille ou Montpellier.

On pourrait croire peut-être, que ces procédés d'évacuation tenaient aux conditions spéciales dans lesquelles s'est faite la dernière guerre, où la désorganisation était, comme on l'a spirituellement dit, la seule chose bien organisée. Mais non, il n'en est rien. Le mal remonte plus haut. Que l'on ouvre les ouvrages de Scrive et de Chenu sur la guerre de Crimée, voici les révélations que l'on y trouvera :

« L'impérieuse nécessité d'embarquer des malades et des blessés sur des navires non organisés pour ce service,... a eu certainement une influence fatale sur un grand nombre d'évacués, qui succombaient parfois durant la traversée, ou qui arrivaient à Constantinople dans un épouvantable état (1). » « La circulation à bord était souvent impossible, et, si le bâtiment avait un médecin, il n'avait ni bandes, ni linge, ni charpie. Ses provisions n'étaient point en rapport avec ses besoins (2).

---

(1) Scrive, 378. — (2). Chenu, 732.

« Les entrants blessés, diarrhéiques, dyssentériques, cholériques, qui arrivent pour occuper les lits vacants, débarquent sur un des points du Bosphore. On les apporte sur des brancards. Ils viennent de Kamiesch ; ils ont eu une traversée de trois, quatre ou cinq jours ; ils sont dans un état pitoyable, couverts de vermine, affaiblis de toute manière. Quelques-uns peuvent à peine parler et dire que leur vêtement contient leurs déjections depuis le moment de leur embarquement. La situation des blessés est bien plus cruelle encore : ils n'ont pas été pansés depuis leur départ de Crimée ; l'appareil s'est dérangé et gêne plus qu'il ne sert ; le gonflement des parties a rencontré trop de résistance dans le linge qui s'est durci ; la gangrène, la vermine même ont envahi les plaies ; l'odeur qu'elles répandent est affreuse, et infecterait les salles, si l'on n'arrêtait ces blessés en plein air sur le seuil de l'hôpital, pour défaire les appareils infects, laver les plaies, et faire un pansement provisoire, avant de porter ces malheureux au lit qui, le matin encore, était occupé par un camarade évacué sur Gallipoli, sur France, ou mort pendant la nuit (1). »

Je demande encore la permission de transcrire ici, dans son entier, une lettre du docteur Marroin, médecin en chef de l'escadre française en Crimée.

« Les médecins qui ont été affectés à ces transports se souviennent des tableaux émouvants qui s'offraient à leurs yeux. La guerre apparaissait dans

(1) Chenu, 731.

toute son horreur. Des hommes épuisés par la maladie, à peine protégés par quelques lambeaux de couverture, arrivaient à la plage pour être embarqués sur des navires de commerce frétés à cet effet, car la marine impériale était débordée par les nécessités du service.

« Vers les derniers jours du mois de mai (1855), le vaisseau le *Jean-Bart* reçut 720 militaires ; 300 avaient les extrémités antérieures congelées à divers degrés ; beaucoup d'entre eux étaient atteints de diarrhée ; 200 étaient minés par des dyssenteries graves, la plupart compliquées de symptômes cholériformes ; 100 environ se trouvaient à l'une des périodes de la fièvre typhoïde ou du typhus ; les autres, capables de marcher, présentaient des bronchites, des fièvres intermittentes, du scorbut.

« Grâce à la rapidité de sa marche, le *Jean-Bart*, malgré le mauvais temps, fit une courte traversée. La batterie basse avait été affectée aux maladies les plus graves ; mais, avec le mauvais état de la mer, on dut maintenir les sabords exactement fermés.

« Ceux qui ont partagé les fatigues de cette campagne peuvent seuls se faire une idée du degré d'infection qui en fut la conséquence. La matière des vomissements se mêlait aux déjections alvines sur les matelas et sur le pont. L'eau de mer embarquait par les écubiers, chargeant, d'une extrémité de la batterie à l'autre, cette masse d'ordures d'une repoussante fétidité. Quels étaient les moyens dont on disposait pour lutter contre un pareil foyer d'infection ?

La ventilation, soit par les sabords, soit par les manches à vent, était impossible. Le nettoyage de la batterie ne pouvait se faire. Comment, en effet, déplacer cette masse de malades serrés les uns contre les autres, et dont la prostration était augmentée par le mal de mer? Sans doute, les soins de propreté, les fumigations chlorurées, luttèrent avec constance contre cette cause sans cesse renouvelée d'empoisonnement miasmatique; mais, ai-je besoin d'ajouter que ce fut sans résultat efficace. » (1)

En insérant cette lettre dans un remarquable travail que j'ai eu déjà l'occasion de citer, M. Laboulaye s'écrie : « Pauvre soldat français ! héroïque paysan ! tu es encore plus grand par ta résignation que par ton courage; mais, que doit-on penser d'un pays qui expose à de pareils supplices ses fils les plus dévoués? »

Ailleurs il ajoute : « La France a des soldats héroïques, mais elle ne sait ni les soigner ni les conserver (p. 866). On parle beaucoup du patriotisme français; certes, je ne connais rien de plus admirable que le courage de nos soldats devant l'ennemi, leur résignation devant la mort; mais, quand le soldat se dévoue, le pays pour lequel il combat n'a-t-il rien à faire? En Crimée, en Italie, je vois bien l'héroïsme de nos armées, mais la patrie, où est-elle? »

Il nous semble que l'on ne saurait trop applaudir à un pareil langage. Le pays ne remplit pas son

---

(1) *Rapport du docteur Chenu*, p. 76.

devoir envers le soldat. Eh bien! il faut le lui dire sincèrement, afin qu'il le remplisse à l'avenir. Il faut que ceux qui restent dans leurs foyers pensent à ceux qui partent. Il faut que ceux qui ne donnent pas leur sang, donnent leur or. Il faut que la patrie veille au chevet du blessé et assure au soldat mutilé pour elle, une honorable existence (1). Il faut que l'opinion publique, d'accord avec tous les médecins militaires et civils, demande et exige la réorganisation du service de santé des armées. Il faut faire disparaître cette subordination contre nature du chirurgien à l'intendant, et remettre chacun à sa place : « *The right man in the right place,* » comme disent les Anglais. Il faut, enfin, que notre administration, sortant de cette immobilité qui est pour elle le progrès, adopte franchement toutes les innovations que l'expérience des grandes guerres contemporaines a suffisamment consacrées. Le wagon-hôpital en est une. Les Allemands, gens pratiques, se sont empressés d'emprunter aux Américains ce mode de transport

---

(1) A ce propos, ne pourrait-on pas demander, en faveur des soldats mutilés ou rendus infirmes pendant cette guerre, la révision de toutes les concessions de bureaux de tabac accordées depuis 1852, c'est-à-dire depuis 20 ans. Sous l'empire, on ne se faisait aucun scrupule de récompenser par ces sortes de faveurs, des dévouements électoraux, ou même des services d'une autre nature, que je ne puis désigner plus clairement ici. Réviser ces concessions et en disposer dans le sens que nous indiquons, serait peut-être tout à la fois un acte de justice et une économie pour le Trésor. Un acte de justice, car un pays qui se respecte et a souci de sa dignité, doit assurer l'existence du soldat mutilé. Une économie pour le Trésor, car on ne donnerait pas de pension aux hommes qui auraient reçu un bureau de tabac.

Caveant consules.

pour les blessés. Pourquoi ne le ferions-nous pas nous-mêmes ?

Le 23 janvier, lendemain de notre dernière évacuation, nous ne vîmes plus dans Clerval que des zouaves et des soldats de la légion bretonne, chargés de protéger dans leur retraite, celles de nos troupes qui s'étaient dirigées sur Pont-de-Roide. Un chirurgien de cette légion bretonne, homme d'une cinquantaine d'années, nous divertit un moment. Il avait appréhendé au collet, sur la route de l'Isle, un certain industriel qui, suivant toutes les probabilités, conduisait deux magnifiques bœufs chez les Allemands. Le brave chirurgien ramenait triomphalement sa capture, et dans sa fureur pour une semblable félonie, répétait invariablement : « Allez ! allez ! qu'on donne cinq minutes à cet homme pour faire son acte de contrition et se ranger avec le bon Dieu, et puis, qu'une balle l'envoie au diable ! »

A onze heures, au moment où nous finissions de déjeuner, notre cuisinière entre comme un obus dans la petite chambre où nous prenions notre repas : « Ah ! mon Dieu ! qu'allons-nous devenir ! On nous bombarde ! » Quelques coups de canon venaient, en effet, de se faire entendre, et le village avait reçu deux ou trois bombes. Nous sortons. De la rue, nous apercevons 2,000 soldats environ, qui défendaient faiblement les hauteurs nord de Clerval. Comme ils ne devaient faire, d'après leurs instructions, qu'un simulacre de résistance, ils se replièrent bientôt, nous donnèrent quatre ou cinq blessés en traversant le **village et disparurent.**

Le génie mit alors le feu aux fourneaux de mine dont on avait chargé le pont du Doubs. Une épouvantable explosion nous apprit qu'il venait de sauter. Les Prussiens lancèrent encore quelques bombes, sans doute pour presser la marche de nos dernières colonnes. Un de ces obus alla frapper un mur de piset, à 3 mètres d'un groupe dans lequel se trouvaient notre chirurgien en chef, notre intendant, notre aumônier et quelques-uns d'entre nous. L'obus eut le bon esprit et l'attention délicate de ne pas éclater. Nous lui en fûmes très-reconnaissants, mais afin de le ramener à des idées plus douces, nous lui donnâmes pour lit une caisse de farine de lin.

Une heure après l'explosion du pont, trente uhlans se montrèrent à une distance d'un kilomètre. Quatre, prenant la rive droite du Doubs, s'avancèrent au petit pas jusqu'en face de Clerval dont les séparaient seulement la rivière et le pont sauté. Après avoir examiné le terrain, ils repartirent.

Le lendemain 24, on nous apprit que les Prussiens avaient jeté un pont à l'Isle-sur-le-Doubs et que nous les verrions bientôt à Clerval. A dix heures, en effet, six uhlans et un officier arrivèrent par la route de l'Isle. A ce moment, nous étions occupés pour la plupart dans l'ambulance des sœurs où nous nous disposions à pratiquer deux amputations. Nous descendîmes afin de voir ce qu'allaient faire de nous ces cavaliers de mauvais augure. Nous les trouvâmes devant la mairie, gravement campés sur leur selle e fumant avec méthode leurs longues pipes de porcelaine. Ayant appris qu'une trentaine d'Allemands étaient soignés dans nos salles, leur officier entra dans l'ambulance du percepteur où nous avions concentré les Prussiens.

Pour le médecin (et c'est là le beau côté de sa mission) le soldat renversé sur le champ de bataille n'a pas de nationalité. C'est un blessé, rien de plus. Nos Allemands, qui pour la plupart étaient grièvement blessés, avaient été traités, nourris et couchés comme nos propres soldats; ni plus mal, ni mieux. Ils racontèrent au chef des uhlans qu'ils étaient très-contents des soins qu'on leur avait donnés, que s'ils étaient couchés sur la paille, les Français l'étaient aussi ; enfin, ils recommandèrent que l'on ne bombardât pas le village.

Le chef des uhlans nous demanda, dans un français mauvais mais intelligible, quelques renseignements sur les blessures de ses compatriotes. « Ils sont bien, ajouta-t-il, seulement ils ont un peu *famine* (pour faim).

« Le village est épuisé, lui répondit-on, et nous n'avons presque plus rien. Nos Français ne sont pas mieux. »

Les Prussiens étaient, en effet, à la même ration que nos hommes, et cette ration, les nôtres la trouvaient suffisante; mais l'estomac d'un allemand est un gouffre sans fond.

L'Allemagne est le pays qui a le plus de boulangers et de bouchers en proportion de la population. Un anthropologiste distingué, M. Pruner-Bey, a même expliqué par le régime alimentaire, le développement marqué de la mâchoire inférieure chez les Allemands.

Après avoir exploré, au grand galop de leurs chevaux, la route d'Auteuil, les sept uhlans reprirent le chemin de l'Isle.

Quelques bataillons d'infanterie prussienne et quelques nouveaux cavaliers traversèrent Clerval dans les journées des 25, 26, 27 et 28 janvier. Quand les officiers nous parlaient, ils le faisaient avec une politesse convenable, bien qu'un peu sèche et froide. Un capitaine de uhlans adressa cependant la parole à l'un de nous, en lui tenant le revolver à hauteur de l'œil. Un autre demanda à un de nos aides-chirurgiens, s'il n'y avait pas d'armes cachées dans la localité. « Je n'en sais rien, lui répondit brièvement notre camarade. Je m'occupe de mes malades, non de chassepots. » L'officier partit sans ajouter un mot.

Ces Allemands contrastaient singulièrement par leur santé florissante et le bon état de leurs équipements, avec nos malheureux soldats que nous avions vus passer quelques jours auparavant, mal vêtus, plus mal chaussés, exténués, amaigris. Un vieux chasseur à pied nous disait un jour : « Si nous ne *crevions* pas de faim et si nous avions du canon, nous les ferions joliment danser ces c..... là ; ils ont trop de ventre, ça les gêne. Ils ne savent pas se remuer. » Le chasseur exagérait un peu, mais il y avait du vrai dans son appréciation.

Le 28, on imposa au village une contribution de guerre de cinq bœufs et d'un certain nombre de quintaux d'avoine, farine, etc. 10,000 hommes devaient occuper Clerval le 29, si le 28, à six heures du soir, les réquisitions exigées n'étaient pas rendues à l'Isle-sur-le-Doubs. Force fut de s'exécuter.

A cette date du 28 janvier, des considérations diverses nous faisaient vivement désirer de quitter Clerval. D'abord nous étions complètement épuisés de fatigue. Un tiers de notre personnel avait été constamment alité, et du chirurgien en chef au dernier infirmier, tous avaient payé un tribu plus ou moins important à des laryngites, bronchites et angines aiguës. Six d'entre nous avaient été atteints de maladies graves; trois de la fièvre typhoïde, deux de la variole. un dernier d'une laryngite œdémateuse. Encore fallait-il s'estimer heureux d'en être quittes à si bon compte, après avoir passé trois semaines dans de véritables foyers d'infection typhique et variolique.

L'intendance nous avait donné 45 soldats faisant fonctions d'infirmiers et que l'on pouvait utiliser pour le gros ouvrage. A l'approche des Prussiens, 35 se sauvèrent. La sage prévoyance du comité organisateur de notre ambulance nous avait munis, à notre départ, de provisions considérables de linges à pansement et de médicaments. Tout se trouvait épuisé et nous en étions réduits à faire laver nos bandes à mesure qu'elles avaient servi. La charpie touchait à sa fin. Il ne nous restait plus qu'un peu de chloroforme et de laudanum. Enfermés dans les lignes prussiennes, nous étions, non-seulement sans nouvelles de nos familles depuis près d'un mois, mais encore sans renseignements sur les événements militaires qui s'étaient passés dans les dix derniers jours. Qu'étaient devenus, et l'armée, et notre 18me corps ? Avaient-ils pu se replier sur Lyon, ou bien étaient-ils acculés à la Suisse ? Nous l'ignorions complètement, les Allemands gardant à ce sujet un silence absolu (1).

(1) Nous sûmes plus tard quelle avait été la marche des événements.

Le 18 janvier, l'armée française repoussée devant Héricourt, battit en retraite sur Besançon par Champey. Elle arriva le 22 sous les murs de Besançon.

Le 25, le commandement supérieur décida que l'on gagnerait Lyon par Pontarlier et les montagnes du Jura. La 3e division du 20e corps, sous les ordres du général de Polignac, ancien commandant de la mobile de la Haute-Loire, resta à Besançon pour renforcer la garnison de cette ville.

Le 26 au matin, le 15e corps (général Martineau), le 20e (général Clinchant) et la réserve (général Pallu de la Barrière), se dirigèrent sur Pontarlier par Ornans. Notre corps d'armée, le 18e (général Billot), placé en arrière-garde, prit la route qui passe à Etalans, Fallerans, Nods et le Doubs.

Dans la nuit du 26 au 27, le général Bourbaki, dont la bravoure était proverbiale parmi les troupes, essaya de se suicider pour ne point survivre à un échec dont il n'était cependant pas responsable. Le commandement en chef passa au général Clinchant.

Le 28, notre armée, épuisée de fatigues et de privations, se trouvait réunie autour de Pontarlier. Le 24e corps (général Bressolles) y arriva par Pont-de-Roide et Saint-Hippolyte.

Le 29, l'ennemi nous attaqua aux deux extrémités de notre ligne, à Chaffois et Sombacourt, près de Pontarlier, et aux Planches.

En ce moment, on apprit la conclusion d'un armistice. Cette nouvelle remplit nos soldats de joie, car ils y voyaient, en quelque sorte, la fin de leurs souffrances et d'une lutte désormais impossible. On suspendit le combat et tout mouvement de retraite, ce qui permit à l'ennemi de s'emparer sans coup férir de la route par les Planches et Saint-Laurent.

Dans la nuit du 30 au 31, Manteuffel signifia au général Clinchant que l'armistice ne s'étendait pas à l'armée de l'Est. On télégraphia à Bordeaux. Le gouvernement répondit que le général Manteuffel était dans son droit.

Cette fatale méprise avait fait perdre à notre armée trente heures in-

Enfin, une dernière considération nous décidait à partir, dès que les circonstances, représentées par la volonté des chefs Allemands, nous permettraient de le faire.

Ainsi que je l'ai dit précédemment, nous avions évacué, le 22 janvier, 300 blessés ou malades. Nous restions donc avec 300. Sur ce nombre, à la date du

finiment précieuses, que les Allemands avaient utilisées avec leur activité, leur prudence et leur habileté ordinaires. Toute retraite vers le Sud nous était coupée, car les Prussiens barraient à Foncine-le-Haut, la seule route praticable de Pontarlier à Mouthe et de Mouthe à les Planches.

Le découragement le plus profond s'était emparé des troupes qui, plus que jamais, criaient à la trahison. L'unique moyen de salut consistait à se jeter en Suisse, et ce fut à ce parti que le général Clinchant se résigna.

Le 18e corps, renforcé par la brigade de réserve générale, fut désigné pour protéger la retraite de l'armée par les Verrières et sauver le matériel. Il s'acquitta à son plus grand honneur, de cette périlleuse mission, et se battit avec acharnement de midi à cinq heures du soir (1er février).

Dans ces cinq heures, nous perdîmes 1,300 tués ou blessés. Pour entraîner les troupes, les officiers supérieurs payèrent largement de leur personne. Un grand nombre furent atteints. Parmi les blessés, on comptait le colonel Couston, du 42e de ligne, et deux chefs de bataillon, dont un d'état-major; parmi les tués, le colonel Achilli et le commandant Gorincourt, du 44e de marche; le chef de bataillon de Beaupoil de Saint-Aulaire.

Dans le milieu de l'action, les Prussiens cessèrent le feu et envoyèrent un parlementaire au général Robert (commandant la 1re brigade de la 1re division du 18e corps) pour lui annoncer qu'il était cerné et qu'il ne lui restait plus qu'à se rendre.

« Il nous reste du moins à mourir honorablement, » lui répondit avec fierté le général. Et il donna 10 minutes au parlementaire pour regagner ses lignes.

Passim, in JUTEAU : *Rapport sur la campagne de l'Est* et Vicomte d'USSEL, *loc. cit.* J'ai puisé surtout dans ce dernier travail, que des renseignements venus de sources autorisées me permettent de croire très-exact.

28, 130 complètement guéris étaient casernés dans la grande ferme qui nous servait primitivement d'ambulance ; 70 varioleux étaient à la période de desquammation de leur maladie, c'est-à-dire en pleine convalescence ; 50 hommes, atteints de blessures ou de maladies très-graves, étaient morts depuis notre arrivée à Clerval.

Sur les 50 blessés qui nous restaient, 40 étaient capables de se panser eux-mêmes ou avec l'aide de leurs camarades, car, en prévision de notre départ auquel nous nous attendions de moment en moment, nous leur avions appris à soigner leurs plaies. Dix hommes seulement, qui avaient subi de grandes opérations, réclamaient des soins. Ils n'étaient pas assez nombreux pour immobiliser toute notre ambulance. Du reste, un médecin de la localité, le docteur Robilier, nous offrit de les prendre sous sa garde. Nous pouvions donc quitter Clerval sans compromettre aucunement les intérêts des malades dont nous avions la responsabilité.

Le plan que nous nous proposions de suivre était le suivant. Rentrer à Saint-Etienne en passant par la Suisse, renouveler notre matériel, puis retourner à notre corps d'armée, si la guerre, contre toutes les prévisions et la prudence la plus élémentaire, devait continuer.

Le 28 janvier, arriva à Clerval une ambulance militaire prussienne, sous les ordres d'un chirurgien-major, à physionomie distinguée, et que l'on nous dit être le docteur Guys. Il nous fit appeler et nous pria très-poliment de vouloir bien lui montrer les blessés allemands. Il les examina tous attentivement et décida même à une amputation de cuisse, un pauvre saxon qui reculait devant cette dernière planche de salut. Un autre refusa énergiquement une opération analogue. « J'ai cinq enfants, disait-il. Avec mes quatre membres j'avais de la peine à leur donner du pain noir ; comment ferai-je quand je serai estropié ? J'aime mieux mourir. Laissez-moi. » Et il mourut.

Le docteur Guys fut pour nous d'une courtoisie parfaite et chercha de son mieux à nous mettre à l'aise. Nous ne pouvions cependant oublier qu'il était Prussien et le laconisme de notre conversation le trahissait un peu. Le chirurgien allemand le comprit. « Je vois que vous n'osez pas me parler beaucoup, dit-il, dans un français quelque peu germanisé, à un de nos docteurs. Vous êtes gêné parce que je suis Prussien. Eh bien ! je ne suis ni Prussien, ni Français. « *Moi, je suis pour les hommes !* »

Il voulait exprimer ainsi cette vérité, dont nous étions bien convaincus nous-mêmes et dont s'était inspirée notre conduite, savoir, qu'aux yeux du médecin, les blessés sont tous des hommes, dignes, à ce titre, de la même pitié.

Le chirurgien prussien paraissait trouver un plaisir tout spécial à faire traîner et résonner son grand sabre sur les pavés. Cette manie, fort innocente du reste, aurait permis de diagnostiquer, même à distance, un enfant de ce peuple pour qui le sabre est l'instrument des grandes choses et le meilleur des arguments.

Le docteur Guys nous promit un laissez-passer pour la Suisse et partit après avoir fait enlever par ses hommes tous les blessés allemands transportables.

Nous continuâmes notre service pendant les journées des 30, 31 janvier et 1ᵉʳ février. Ce jour là, nous répartîmes entre nos malades et nos blessés ce qui nous restait encore de chemises, flanelles, chaussettes, tricots, cache-nez, plastrons, etc. Les docteurs Robilier et Roy, médecins de la localité, prirent officiellement possession de notre service. Le 2, à neuf heures et demie du matin, nous quittions Clerval.

L'itinéraire que nous avaient fixé les autorités allemandes était le plus direct, mais aussi le plus pénible. Il passait par l'Isle-sur-le-Doubs, Montbéliard, Delle et Porrentruy. Les routes, d'après les renseignements que nous donnèrent les gens du pays, étaient couvertes de neige ou de glace, et complètement impraticables pour nos voitures. Nous obtînmes, sans aucune difficulté, du commandant prussien, de nous rendre en Suisse par Delle, Dannemarie, Mulhouse et Bâle.

La vérité me fait un devoir de dire que les Allemands, au milieu desquels nous avons vécu 15 jours et dont il nous fallut traverser les lignes, furent pour nous ce qu'ils devaient être. Le drapeau de la croix-rouge et nos brassards, nous protégèrent parfaitement et toujours, ainsi que notre matériel. On eut même pour nous certains égards sur lesquels nous n'étions pas en droit de compter et qui nous furent, à ce titre, extrêmement sensibles. A l'Isle-sur-le-Doubs, par exemple, un officier supérieur prussien fit arrêter un long convoi d'artillerie, afin de nous permettre de traverser la route sans assister à ce défilé pénible pour notre amour propre et qui nous eût exposés à la curiosité générale.

En passant dans ce village que nos ennemis occupaient en grand nombre, une petite maison, transformée en ambulance, attira notre attention. Par une faveur, sans doute, ou par oubli, le drapeau tricolore ornait le toit de ce lieu d'asile en même temps que le pavillon de Genève. Au milieu de cette mer d'envahisseurs, la France semblait revivre dans ce petit coin, représentée par une poignée de ses soldats mutilés et un drapeau dont le vent tourmentait les plis (1).

---

(1) Je n'hésite pas à rendre à nos ennemis le témoignage auquel ils ont droit, parce qu'aux yeux de la vérité, toutes les haines s'effacent, toutes les considérations de partis ou de nationalités disparaissent. Je dois dire, cependant, que les Allemands ne respectèrent pas toujours l'inviolabilité assurée par la convention de Genève au personnel de santé des armées. Quelques jours avant notre départ de Clerval, plusieurs membres d'une ambulance internationale de Saône-et-Loire, furent lâchement assassinés dans des circonstances que l'on me permettra de rappeler.

Le 21 janvier 1871, entre 9 et 10 heures du soir, les deux premiers bataillons de la 3ᵉ légion des mobilisés de Saône-et-Loire, prenaient position au village d'Hauteville (10 kilom. nord de Dijon). En prévision d'un combat imminent, une ambulance internationale de Saône-et-Loire, s'installa à Hauteville, dans la maison d'un sieur Callais, sur laquelle on arbora deux drapeaux de Genève de grandes dimensions. Cette ambulance était placée sous la direction d'un de nos amis de l'école de Lyon, le docteur Morin. Vers 10 heures, les mobilisés de Saône-et-Loire, surpris par des forces supérieures, se replièrent en répondant

Montbéliard que nous traversâmes sans nous y arrêter un seul instant, portait encore les traces des violents combats dont il avait été le théâtre. Au Nord, sur une éminence élevée, se dressait le redoutable château qui, transformé en forteresse par les Allemands et armé de pièces de 24, avait repoussé les attaques les plus désespérées de notre aile droite.

Le village de Dampierre, situé à quelques kilomètres plus loin, sur la lisière des départements du Doubs et du Haut-Rhin, n'avait pas de garnison prussienne. C'était plus qu'il ne nous en fallait pour nous décider à y passer la nuit. La population nous reçut avec la plus grande cordialité. Un pasteur protestant ayant appris que, depuis près d'un mois, nous étions sans nouvelles de la France, s'empressa de nous communiquer quelques journaux suisses. Hélas! ils firent dis-

par quelques coups de feu à la fusillade bien nourrie de l'ennemi. Le docteur Morin et ses aides crurent qu'il était de leur devoir de ne pas quitter leur poste, et ils y restèrent.

Ils donnaient les premiers soins à un mobilisé nommé Dumont, blessé à la face, et à une jeune fille de 15 ans, Eugénie Picamelot, mortellement atteinte à la poitrine par une balle prussienne, lorsque soudain des soldats du 61me régiment de Poméranie se précipitèrent dans la maison Callais, malgré les protestations du docteur Morin qui, leur montrant son brassard et le drapeau de Genève, leur criait en allemand « Feld Lazareth! Feld Lazareth! »

« Amboulance! Amboulance! Charogne! Capout! » reprennent ces sauvages. On répond au docteur Morin par trois coups de baïonnette. Il tombe, puis se relève pour protester encore. C'est en ce moment qu'une balle mit fin à ses jours. L'aide-major Milliat, élève de Lyon, fut entraîné près d'un puits qui se trouvait sur le derrière de la maison. On lui fit tourner le dos et deux balles l'étendirent mort. Monsieur Fleury, étudiant en médecine, infirmier-major au 2me bataillon de la 3me légion de Saône-et-Loire, réussit à s'évader après avoir reçu un coup de crosse sur la tête, deux coups de baïonnette, deux coups de feu à l'épaule paraître les dernières lueurs d'espérance qui pouvaient nous rester encore. Paris avait capitulé. L'ennemi occupait ses forts, et une Assemblée Nationale était convoquée pour traiter de la paix.

Le lendemain, 3 février, nous nous dirigions vers Dannemarie, par Delle. Dans la direction du Nord, le canon tonnait avec violence. C'était le canon de Belfort. L'héroïque cité luttait encore, seule invaincue, seule debout au milieu de toutes les capitulations, de tous les désastres, de toutes les ruines de notre malheureuse patrie. Ce canon de Belfort, nous l'écoutions avec une émotion profonde et je ne sais quel triste recueillement. Il nous rappelait nos infortunes ; et l'image de la France humiliée, vaincue, passait devant nos yeux comme une vision sanglante.

et à la joue droites. L'infirmier Jean Morin fut renversé par trois coups de crosse. Les infirmiers de Champvigy et Dhéret, avaient été laissés pour morts.

Les soldats prussiens profanèrent les cadavres du docteur Morin et de Milliat. Ils prirent sur le premier, une montre d'or et une valise qui contenait les fonds de l'ambulance (1,500 fr.).

Le 22 janvier, lendemain de cet odieux attentat, notre armée de Dijon faisait prisonnière à la ferme de Changey, une ambulance prussienne. Indignés de l'assassinat de la veille, nos soldats demandaient que l'on passât par les armes les médecins Prussiens. La 3me ambulance lyonnaise sous la protection de laquelle les prisonniers s'étaient placés, sut faire taire la voix de la vengeance pour écouter celle de l'humanité et de la justice, et les Allemands furent sauvés.

Ces détails sont extraits presque textuellement d'un rapport très-précis, dressé au nom du comité de secours de Lyon, par Monsieur le docteur Christot, ex-chirurgien en chef de la 3me ambulance lyonnaise. Je dois la communication de ce rapport à l'obligeance d'un de mes amis, Monsieur le docteur Jeannin, ex-chirurgien-major d'un bataillon des mobilisés de Saône-et-Loire. Les faits que je viens de raconter sont assez éloquents par eux-mêmes, pour se passer de tout commentaire.

A Dannemarie, comme dans tout le Haut-Rhin, la population nous reçut avec les témoignages de la plus vive sympathie. Pour parler de la France sur ce sol si profondément français, il fallait causer à la dérobée, à voix basse, afin de n'être pas entendu des espions prussiens qui circulaient mélangés aux soldats ou cachés sous leur uniforme. Quelques-uns d'entre nous, obligés de suivre notre matériel par la route de terre, allèrent coucher à Altkirch. Ils furent littéralement enlevés par les habitants qui se disputaient le plaisir de leur offrir l'hospitalité.

Les autorités allemandes permirent à notre personnel de se rendre de Dannemarie à Mulhouse par les voies ferrées. Deux fantassins armés prirent place dans un des compartiments de la voiture de 3me classe qui nous avait été affectée, et nous escortèrent jusqu'à Mulhouse où nous arrivions à 8 heures du soir.

A Mulhouse, nous apprîmes des habitants qui se pressaient sur nos pas, que toute notre armée de l'Est s'était jetée en Suisse pour échapper à un enveloppement général. Le préfet prussien à qui nous avions dû nous présenter tout d'abord, comme au commandant supérieur de la ville, nous renvoya au maire. Ce dernier, fonctionnaire français, nous accueillit avec la plus parfaite amabilité et nous logea dans les premiers hôtels de Mulhouse. Le comfort n'y laissait rien à désirer, mais il nous était impossible de faire un pas sans rencontrer un de ces casques maudits dont nous étions poursuivis, comme d'un cauchemar, depuis si longtemps.

Plus de 150 officiers allemands avaient leurs chambres dans l'hôtel Romann. C'étaient, pour la plupart, des hommes superbes, de manières distinguées, à physionomies intelligentes. Hélas! ils n'étaient que trop intelligents, et l'instruction des Allemands, leurs connaissances géographiques ou linguistiques, l'application de plusieurs sciences, leur habileté à se servir, pour les opérations de guerre, des chemins de fer ou des télégraphes, nous ont porté des coups autrement plus terribles encore que ceux de leur artillerie.

Le 4 février, à midi, nos voitures arrivèrent d'Altkirch. Suivant notre usage, elles étaient surmontées du pavillon de Genève et du drapeau national. Comme on le regardait passer avec émotion, ce pauvre drapeau tricolore, que Mulhouse n'avait plus revu depuis les premiers désastres de cette guerre néfaste! La foule, qui s'était rassemblée, nous accablait de questions sur les événements auxquels nous nous étions trouvés mêlés. Quand nos voitures, munies de leur réquisition d'écurie, se dirigèrent vers l'endroit où elles devaient se remiser, un certain nombre de jeunes gens, sans s'inquiéter beaucoup du poste prussien qui nous regardait, crièrent : « Vive la France! » Les hommes murs se taisaient, et avec raison, pour éviter toute occasion de conflits. Aux fenêtres des balcons, des dames et des jeunes filles agitaient leurs mouchoirs.

La physionomie générale de la population et de la ville, trahissait du reste très-visiblement cette haine sourde de l'étranger, et ces sympathies françaises, dont nous avions déjà recueilli tant de témoignages dans le Haut-Rhin. Toutes les dames étaient en noir, et de petites cocardes tricolores ornaient les nœuds des cravates et les mentonnières des chapeaux. A la force triomphante, on opposait la protestation que peut toujours faire entendre le droit méconnu et écrasé, la protestation du silence et de la dignité.

Dans un cercle de négociants où nous fûmes invités le soir, on nous raconta en détails, comment Mulhouse répondait, depuis six mois, aux déclarations d'amour prussiennes et aux procédés de germanisation expérimentés par la politique allemande. La résistance à l'annexion se prononçait avec d'autant plus de force et de ténacité, que les défaites successives de la France rendaient cette annexion plus probable. A l'époque où nous nous trouvions à Mulhouse, les Alsaciens ne se faisaient plus aucune illusion sur le sort qui les attendait. Ils étaient profondément convaincus que la cession de territoire serait la condition « *sine quâ non* » de la paix. Ils n'en protestaient pas moins par tous les moyens restés en leur pouvoir et qui n'avaient rien de directement agressif.

Suivant l'usage de la guerre, l'autorité militaire allemande avait voulu loger les officiers de la garnison, chez les notables et les bourgeois de la ville. Ceux-ci refusèrent avec le plus parfait ensemble, non-seulement de les garder sous leur toit, mais même de leur parler. Les domestiques, chargés de ce soin, avaient ordre de leur dire qu'ils pouvaient choisir un hôtel quelconque, et que l'on solderait leur note, mais que l'exiguité des appartements ne permettait pas de les recevoir. L'exiguité des appartements n'était, on le pense bien, qu'un vain prétexte et un mot d'ordre convenu.

Un vénérable pasteur protestant, allié des Dollfus, nous raconta au cercle, dont il nous faisait les honneurs, un fait qui s'était passé la veille, c'est-à-dire le 3 février.

Un fonctionnaire prussien, arrivé de Berlin avec mission d'inspecter les écoles primaires de Mulhouse, se présente dans l'une d'elles. Il interroge très-poliment, très-affectueusement les enfants, sur la grammaire, la lecture, l'écriture, le calcul, etc. Ceci fait, il passe aux arts d'agrément. L'amour de la musique est, comme on le sait, une des caractéristiques du peuple allemand. L'inspecteur prussien voulut donc voir s'il serait nécessaire de germaniser l'Alsace, même au point de vue de l'harmonie et du solfège.

« Vous apprend-on la musique ? » demande-t-il aux enfants.

« Oui ! Monsieur. »

« Eh bien ! chantez-moi quelque chose, mes petits amis. »

Ils entonnèrent la *Marseillaise*.

L'école fut consignée pour quatre jours.

Le 5 février, à dix heures du matin, nous quittions Mulhouse. Plus nombreuse que jamais, la foule entourait nos voitures, rangées pour le départ devant l'hôtel Romann. On garda le silence que commandaient les circonstances et la présence des soldats allemands, mais il est des silences plus expressifs que des paroles. A une heure du soir, nous étions à Bâle, sur le territoire hospitalier de la Suisse.

Nous avons emporté de notre court passage dans le Haut-Rhin, le meilleur souvenir, comme le plus douloureux regret de voir arracher à la France cette province qui, par son patriotisme, son intelligence, sa fertilité, formait, en quelque sorte, le plus beau fleuron de notre couronne.

Dans la préface de son livre sur l'Allemagne, imprimé à Londres à une époque (1813) où la monarchie prussienne ne s'était pas encore relevée du désastre d'Iéna, Mme de Staël s'exprimait ainsi :

« Les Allemands ont eu souvent le tort de se laisser convaincre par les revers. Les individus doivent se soumettre à la destinée, mais jamais les nations, car ce sont elles qui seules peuvent commander à cette destinée. Une volonté de plus, et le malheur serait dompté. La soumission d'un peuple à un autre est contre nature. Qui croirait, maintenant, à la possibilité d'entamer l'Espagne, la Russie, l'Angleterre, la France ? Pourquoi n'en serait-il pas de même de l'Allemagne ? Si les Allemands pouvaient encore être asservis, leur infortune déchirerait le cœur, mais on serait toujours tenté de leur dire, comme Mlle de Mancini à Louis XIV : « Vous êtes roi, sire, et vous pleurez ! » Vous êtes une nation, et vous pleurez ! »

Si je ne me trompe, ces paroles renferment pour nous un haut enseignement. Il ne s'agit pas aujourd'hui, d'imiter l'Arabe du désert, et de s'asseoir sur la borne d'un chemin pour y attendre stoïquement l'arrêt du destin. Non! Tout ce qui a de l'intelligence, du cœur, de l'énergie en France, doit-être à l'œuvre et debout. Laissons au passé le soin d'enterrer ses morts, et vivons dans le présent, d'où sortira l'avenir.

En général, les hommes ont le tort de croire, ou bien qu'ils peuvent tout, ou bien qu'ils ne peuvent rien. Dans le premier cas, ils agissent d'abord, se découragent ensuite. Dans le second, ils n'agissent jamais, et désespèrent de tout, avant d'avoir essayé de rien.

Là, comme ailleurs, la vérité est dans le juste milieu. Ce qui est incontestable, c'est que les individualités les plus modestes, peuvent et doivent travailler à l'œuvre pressante de notre régénération sociale. Que chacun apporte sa pierre, si petite qu'elle soit, que dans l'humble mesure de ses forces, chacun travaille à sa réforme personnelle d'abord, puis à la réforme de ceux qui l'entourent dans sa famille ou ses relations, et toutes ces gouttes d'eau formeront un océan, et l'édifice sera vite reconstruit, la réforme générale rapidement accomplie.

Nous avons maintenant ce que Bossuet souhaitait aux destinées des héros : « *ce quelque chose d'achevé que donne le malheur.* » A nous, de porter notre infortune avec dignité, et d'utiliser, pour l'instruction de l'avenir, les terribles enseignements du passé.

On a eu raison de le dire ; il est bon que les individus et les peuples souffrent. Cela les pousse à l'effort. Le bien-être, au contraire, engendre fatalement la corruption, et lorsque remontant des causes secondes aux causes premières, comme le veut la logique, on recherche la véritable explication de nos désastres et de la décadence progressive de notre pays, on la trouve dans cette soif de jouissances qui s'est emparée de toutes les classes sociales, partant du haut, pour gagner le bas, en passant par le milieu.

L'exemple de la Prusse devrait être pour nous un enseignement, une espérance et une force, car il démontre que les nations ne prennent d'ordinaire possession d'elles-mêmes que sous la pression de l'étranger. La bataille d'Iéna, qui semblait avoir anéanti cette puissance, fut, au contraire, le commencement de sa véritable force. Les grands patriotes qui entreprirent de relever la Prusse écrasée par le traité de Tilsitt, Stein, Scharnhorst, Hardenberg, ne se contentèrent pas de poser le point de départ de la fortune militaire de leur pays, en proclamant que tout citoyen devait être soldat. Ils organisèrent encore un vaste système d'instruction populaire. Ils travaillèrent surtout à donner à la Prusse les vertus civiques, qui seules permettent de faire de grandes choses, l'amour du pays et le respect des lois. A nous de les imiter.

Le mal qui mine sourdement la France est dans les âmes. Ce sont donc les âmes qu'il faudrait guérir, les intelligences qu'il faudrait élever, les caractères qu'il faudrait retremper, les forces morales, seules forces vraiment irrésistibles, qu'il faudrait rappeler à soi. Rien ne sera changé, tant que l'éducation et les mœurs n'auront pas été transformées, et pour que l'éducation et les mœurs se transforment en redevenant viriles, il faut que l'aristocratie de l'intelligence, de la fortune ou du rang, donne le signal.

Le peuple est, et doit être forcément imitateur, car on prend ses modèles au-dessus de soi, jamais au dessous.

Donc, s'il est aujourd'hui corrompu, c'est que les classes élevées de la société lui ont donné l'exemple de la corruption.

S'il demande sa place au banquet de la jouissance et sa part de voluptés, c'est qu'il a vu d'autres hommes, ses supérieurs par la fortune ou l'intelligence, s'enfoncer dans le bien-être et l'égoïsme.

Si, enchaîné à la meule, il menace comme Samson de secouer bientôt les colonnes de l'édifice social, c'est que les trois bases de cet édifice, la religion, la famille, la propriété, ont été ébranlées par ceux-là mêmes qui avaient le plus grand intérêt à les consolider, et qui ont sapé la religion par leur scepticisme moqueur; la famille, en la délaissant; la propriété, en oubliant qu'ici-bas le riche n'est qu'un dépositaire de Dieu.

L'origine du mal indique clairement quel devrait en être le remède. La régénération serait prochaine, si les classes supérieures et moyennes de la société donnaient aux classes inférieures l'exemple du désintéressement, du travail et de toutes les vertus qui font l'homme et le citoyen. Si nous sommes riches ou intelligents, faisons aux déshérités qui nous entourent, l'aumône de l'or, ou celle infiniment plus précieuse de la moralisation et de l'instruction.

Si l'on veut que l'Alsace et la Lorraine, terres françaises hier, le redeviennent demain, avant de songer à fondre des canons, il faut penser à faire des hommes. Le mot de Vespasien, « *laboremus* » travaillons, devrait être notre mot d'ordre. On a dit que l'on pourrait écrire sur la porte de la Prusse : « Ici l'on travaille. » Quand on dira cela de la France, et de toutes les classes sociales, non plus d'une seule, la France sera bien près d'être sauvée.

LA SUISSE

Bien que notre personnel se trouvât considérablement réduit par la maladie, et que nos provisions de linges et de médicaments fussent complétement épuisées, nous songeâmes, dès notre arrivée en Suisse, à nous rendre utiles aux soldats français qui s'y trouvaient internés.

Nous étions à Bâle le 5 janvier au soir. Dès le lendemain, M. le docteur Riembault se rendit à Berne pour mettre nos services à la disposition des sociétés de secours. Notre intendant alla le même jour, et dans le même but, à Neufchâtel. Dans ces deux villes, les autorités suisses déclarèrent qu'elles suffisaient à la tâche. A Neufchâtel, le général Herzog, commandant supérieur des forces de la confédération, déclara formellement à notre intendant, M. Desjoyeaux, « qu'il y avait beaucoup à faire, mais que la Suisse ferait seule. »

Les journaux suisses n'en contenaient pas moins chaque jour des reproches très-vifs à l'adresse des ambulances françaises. On les accusait d'abandonner sans pitié leurs malades. Pour relever, en ce qui nous concernait personnellement, ce grave reproche, et définir nettement notre situation, M. le docteur Riembault adressa au *Journal de Genève* la lettre suivante :

Genève, 10 février 1871.

« Monsieur le rédacteur en chef du *Journal de Genève*,

« Vous avez publié, depuis quelques jours, plusieurs articles au sujet des soldats français, malades ou blessés, internés en Suisse.

« Vous reprochez aux ambulances internationales de s'être soustraites à leurs devoirs, en se cachant on ne sait où, d'avoir refusé leur concours et laissé aux médecins Suisses une écrasante besogne.

« Je n'ai pas mission de défendre les ambulances internationales ; mais permettez-moi de vous dire que vous avez été inexactement renseigné. L'ambulance de Saint-Etienne, que j'ai l'honneur de diriger, arrivait de Clerval à Bâle dimanche soir, 5. Le lundi matin j'allais trouver le président du conseil de l'Internationale, pour lui offrir nos services, s'il en était besoin. Il me dit que c'était à Berne ou à Neufchâtel qu'il fallait porter nos offres. Immédiatement, c'est-à-dire par le train de dix heures et demie, j'envoyai à Berne et à Neufchâtel.

« La personne qui était à Neufchâtel se présenta au général Clinchamp, qui la fit accompagner par son aide-de-camp chez le général Herzog, lequel déclara « qu'il y avait beaucoup à faire, mais que la Suisse ferait seule. »

« En passant à Lauzanne, nous apprîmes qu'il y avait un grand nombre de malades. Nous nous sommes mis à la disposition des autorités militaires.

« Enfin, Monsieur, nous sommes à Genève attendant notre matériel qui n'arrivera que dimanche. Nous serons toujours heureux de saisir l'occasion de témoigner, par notre empressement à seconder nos confrères suisses, notre reconnaissance profonde pour l'accueil sympathique et si touchant, que fait votre pays à nos malheureux soldats. Mais vous voyez que loin de refuser notre concours, nous l'avons offert, et vraisemblablement nos camarades ont fait comme nous.

« Agréez, etc. »

Comme le disait si bien M. le docteur Riembault, nos soldats épuisés recevaient en Suisse une hospitalité vraiment touchante. Le devoir de la France sera de s'en souvenir.

L'un de nous en manifestait sa reconnaissance et son admiration, au sous-directeur d'une compagnie de chemin de fer avec laquelle nous nous étions trouvés un moment en difficultés au sujet du transport de nos voitures. « Mon Dieu, nous répondit-il, nous n'avons fait que notre devoir. Depuis Sedan, vous aviez nos sympathies. Nous avons cherché à vous les témoigner. Du reste, rassurez-vous. Nous ne vous tenons pas quittes. La Prusse guette depuis longtemps toute cette partie de notre territoire qui se trouve sur la rive droite ou allemande du Rhin. Un jour viendra, peut-être, où notre petit pays devra, lui aussi, défendre ses frontières. Si nous sommes malheureux, nous dirons alors à la France de se souvenir de ce que la Suisse a fait pour elle et de nous tendre la main. »

Pendant notre séjour en Suisse, nous exposâmes notre situation à M. le marquis de Villeneuve-Bargemon, délégué général de la Société Internationale de Secours aux blessés, et à ce titre, notre chef immédiat. Il nous donna le conseil et l'ordre de rentrer à Saint-Etienne pour y prendre quelque repos, nous ravitailler, et rejoindre ensuite notre corps d'armée, si, contre toutes les probabilités, la guerre devait recommencer.

Notre ambulance arriva par étapes à Saint-Etienne le 18 février 1871. Elle avait tenu campagne pendant 84 jours.

L'ŒUVRE DE LA CROIX ROUGE

SES RÉSULTATS A SAINT-ÉTIENNE

De l'organisation des ambulances et des secours aux blessés.

Parvenu au terme de cette notice, j'ai pensé qu'il ne serait peut-être pas inutile d'esquisser à grands traits l'historique de l'œuvre de la croix-rouge, d'analyser sommairement les résultats donnés par cette œuvre à Saint-Etienne et d'exposer enfin, sur l'organisation des secours aux blessés, quelques idées résumant les observations que nous avons pu faire pendant la dernière campagne.

L'œuvre de la croix-rouge, généralement connue sous le nom de : *Société Internationale de secours aux blessés militaires de terre et mer*, prit naissance à Genève en 1863, dans les circonstances suivantes. (1)

En 1862, un citoyen de Genève, M. Henry Dunant,

---

(1) Les principaux ouvrages à consulter sur l'œuvre de la croix-rouge, sont les suivants :

1° *Compte rendu de la conférence internationale* réunie à Genève en octobre 1863, pour étudier les moyens de pourvoir à l'insuffisance du publia dans cette ville un ouvrage intitulé : *Un souvenir de Solférino*. Cet ouvrage eut un retentissement considérable en Europe et fut traduit en plusieurs langues. L'auteur, péniblement frappé de l'insuffisance du service sanitaire officiel pendant la campagne d'Italie, réclamait avec instance l'adjonction de secoureurs volontaires au personnel des chirurgiens militaires, et proposait indirectement la neutralité comme le meilleur moyen d'arriver à la réalisation de cette réforme.

La société Génevoise d'utilité publique aborda l'étude de cette importante question, et la renvoya, comme à l'autorité la plus compétente, au congrès international de bienfaisance qui devait siéger à Berlin en septembre 1863. Ce congrès n'ayant pas abouti, la société génevoise d'utilité publique, présidée par M. Moynier, eut l'idée de convoquer un congrès inter-

---

service sanitaire dans les armées en campagne. Genève 1863. (L'édition est épuisée.)

2° *Communication du comité international* faisant suite au compte rendu de la conférence internationale de Genève. Genève 1864.

3° *La guerre et la charité*, par G. MOYNIER, président du comité international de secours pour les militaires blessés; l'un des plénipotentiaires de la Suisse au congrès de Genève ; et le docteur L. Appia, membre du comité international. Genève 1867.

4° *Etude sur la convention de Genève*, par G. MOYNIER. Genève 1870.

5° *Bulletin international des sociétés de secours aux militaires blessés*, organe officiel de la croix-rouge, paraissant tous les trois mois.

Pour la rédaction du commencement de ce chapitre, j'ai puisé surtout dans les deux remarquables ouvrages de M. Moynier, que ce dernier a bien voulu me communiquer, avec un empressement dont je suis heureux de le remercier ici.

national, et de soumettre à ses discussions un projet de concordat. Le congrès international de statistique de Berlin approuva cette convocation et la conférence se réunit à Genève le 26 octobre 1863.

Elle se composait de dix-huit délégués officiels représentant quatorze gouvernements; de six délégués de diverses associations; de sept étrangers non accrédités et des cinq membres d'une commission nommée par la société génevoise d'utilité publique, MM. Moynier; Dufour, général en chef de l'armée Suisse; Maunoir, D. M.; Appia, D. M.; Henry Dunant.

La conférence comptait dans son sein des sommités médicales et militaires. Partant de ce point de départ que les secours officiels accordés aux blessés et aux malades en temps de guerre étaient insuffisants, elle se demanda quels seraient les meilleurs moyens de pourvoir à cette insuffisance, en conciliant tout à la fois, dans cette grave question, les prérogatives gouvernementales et l'initiative individuelle.

Il n'était malheureusement que trop facile de prouver l'insuffisance des secours officiels pendant les périodes de luttes. Sans remonter bien haut dans le passé, il suffisait d'interroger l'histoire des guerres de la première République et du premier Empire, et celle, plus récente encore, des guerres du Sonderbund, en 1847, d'Orient en 1854, d'Italie en 1859, du Schleswig, de Bohême, du Mexique, etc., etc.

Pour les guerres de la première République et du premier Empire, on avait les témoignages d'hommes considérables par leur position médicale ou militaire, tels que le baron Larrey, Percy, Gama, Marmont, le général Foy, etc., etc. Pour la guerre de Crimée, on pouvait citer, du côté de l'armée française, les écrasantes révélations de Scrive, de Baudens, de Michel-Lévy, de Marroin et du docteur Chenu.

Dans l'armée anglaise, par suite des mauvaises conditions hygiéniques et de l'absence des mesures préventives les plus élémentaires, le typhus, le scorbut et la dyssenterie exerçaient de terribles ravages, avant les réformes radicales et salutaires que fit adopter et que dirigea une jeune fille dont l'Angleterre conserve précieusement le souvenir, Miss Nightingale.

L'organisation de l'armée piémontaise n'était en rien supérieure à la nôtre ; celle de l'armée russe lui était de beaucoup inférieure.

« Ne pas profiter des enseignements de la guerre de Crimée, avait écrit le docteur Scrive, serait un crime de lèse-humanité. » La guerre d'Italie, commencée peu d'années après, montra que notre administration n'avait rien appris, rien modifié.

Au congrès de Genève de 1863, cette insuffisance du personnel de santé officiel fut reconnue et affirmée par des hommes d'une compétence indiscutable, tels que le général Dufour, général en chef des armées de la confédération suisse ; le médecin principal Boudier, délégué du gouvernement français ; le sous-intendant de Préval, délégué du même gouvernement ; le docteur Lœffler, médecin en chef du 4me corps de l'armée prussienne, délégué du gouvernement prussien ; le docteur Landa, chirurgien major, délégué du gouvernement espagnol ; le docteur Günther, médecin en chef de l'armée saxonne. Du reste, comme l'observait avec raison le docteur Lœffler, tous les gouvernements qui s'étaient fait représenter officiellement au congrès de Genève, avouaient par cela même l'insuffisance du service sanitaire officiel.

Le mal constaté, restait à en chercher le remède. Ici commençaient les difficultés, difficultés sérieuses, puisque suivant l'heureuse expression de M. Moynier (1), il fallait concilier deux antithèses : la bienfaisance et la guerre, et assurer l'œuvre de la première, sans nuire aux terribles mais inévitables exigences de la seconde. L'exposé des services rendus par les sociétés de secours peut seul montrer comment on arriva à la réalisation plus ou moins parfaite de ce difficile programme.

La conférence de Genève de 1863 *décida* la création d'un réseau de comités de secours dans tous les pays, et *émit le vœu* « *que la neutralité fut proclamée* en temps de guerre, par les nations belligérantes, pour *les ambulances* et *les hôpitaux*, et qu'elle fut également admise de la manière la plus complète pour *le personnel sanitaire officiel*, pour *les infirmiers volontaires*, pour *les habitants du pays qui iront secourir les blessés*, et pour *les blessés eux-mêmes* ;

« Qu'un *signe distinctif identique* fut admis pour les corps sanitaires de toutes les armées, ou du moins pour les personnes d'une même armée attachées à ce service ;

(1) Moynier et Appia : *La guerre et la charité*, p. 116,

« Qu'un *drapeau identique* fut aussi adopté dans tous les pays pour les ambulances et les hôpitaux. »

La grande idée qui se dégageait des vœux émis par le congrès de Genève était celle de la neutralisation des blessés et du personnel appelé à les secourir. Aujourd'hui qu'elle a passé du domaine de la spéculation dans celui des faits, cette idée de la neutralisation nous paraît, et à bon droit, toute simple, parce qu'elle consacre un progrès humanitaire qui était infiniment désirable. Elle n'en souleva pas moins, à l'origine, mille et une objections.

Plusieurs n'y virent qu'une utopie, irréalisable pour les uns, dangereuse pour les autres. L'événement et les expériences faites, paraissent avoir donné un démenti à cette double opinion.

L'activité du comité génevois, fondé de pouvoirs de la conférence, et la foi ardente avec laquelle il poursuivit le succès de son œuvre, furent pour beaucoup dans les résultats obtenus. Sur sa demande, le conseil fédéral Suisse invita, le 6 juin 1864, tous les Etats de l'Europe et quelques-uns de l'Amérique, à envoyer des plénipotentiaires à Genève pour discuter les bases d'un pacte international qui transformerait en *obligations* pour les puissances contractantes, les *vœux* principaux émis par le congrès de 1863.

Le 8 août 1864, seize Etats représentés par vingt-six délégués, se rendirent à cette invitation et s'entendirent sur l'ensemble des dispositions qui depuis ont formé la convention de Genève. A la suite de deux nouvelles conférences tenues, l'une à Paris, le 11 juin

1867, l'autre à Genève, en octobre 1868, cette convention a été arrêtée ainsi qu'il suit entre les puissances signataires et contractantes, la Suisse, le duché de Bade, la Prusse, le Mecklembourg, la Saxe, la France, l'Autriche, la Bavière, la Belgique, le Danemark, la Grande-Bretagne, l'Italie, les Pays-Bas, la Suède et la Norwége, la Turquie et le Wurtemberg.

Convention de Genève du 22 août 1864 et articles additionnels du 20 octobre 1868.

(Non compris ceux des articles additionnels qui se rapportent à la marine)

« ARTICLE 1er. — Les ambulances et les hôpitaux militaires seront reconnus neutres, et, comme tels, protégés et respectés par les belligérants, aussi longtemps qu'il s'y trouvera des malades ou des blessés.

« La neutralité cesserait si ces ambulances ou ces hôpitaux étaient gardés par une force militaire.

« ART. 2. — Le personnel des hôpitaux et des ambulances, comprenant l'intendance, le service de santé, d'administration, de transport des blessés, ainsi que les aumôniers, participera au bénéfice de la neutralité lorsqu'il fonctionnera, et tant qu'il restera des blessés à relever ou à secourir.

« ART. 3. — Les personnes désignées dans l'article précédent pourront, même après l'occupation par l'ennemi, continuer à remplir leurs fonctions dans l'hôpital ou l'ambulance qu'elles desservent, ou se retirer pour rejoindre le corps auquel elles appartiennent.

« Dans ces circonstances, lorsque ces personnes cesseront leurs fonctions, elles seront remises aux avant-postes ennemis par les soins de l'armée occupante.

« ARTICLE ADDITIONNEL Ier. — Le personnel désigné dans l'article 2 de la Convention continuera, après l'occupation par l'ennemi, à donner, dans la mesure des besoins, des soins aux malades et aux blessés de l'ambulance ou de l'hôpital qu'il dessert.

« Lorsqu'il demandera à se retirer, le commandant des troupes occupantes fixera le moment de son départ, qu'il ne pourra toutefois différer que pour une courte durée, en cas de nécessités militaires.

« ARTICLE ADDITIONNEL II. — Des dispositions devront être prises par les puissances belligérantes pour assurer au personnel neutralisé, tombé entre les mains de l'armée ennemie, la jouissance intégrale de son traitement.

« ART. 4. — Le matériel des hôpitaux militaires demeurant soumis aux lois de la guerre, les personnes attachées à ces hôpitaux ne pourront, en se retirant, emporter que les objets qui seront leur propriété particulière.

« Dans les mêmes circonstances, au contraire, l'ambulance conservera son matériel.

« ARTICLE ADDITIONNEL III. — Dans les conditions prévues par les articles 1 et 4 de la convention, la dénomination d'*ambulance* s'applique aux hôpitaux de campagne et autres établissements temporaires qui suivent les troupes sur les champs de bataille pour y recevoir des malades et des blessés.

« Art. 5. — Les habitants du pays qui porteront secours aux blessés, seront respectés et demeureront libres.

« Les généraux des puissances belligérantes auront pour mission de prévenir les habitants de l'appel fait à leur humanité, et de la neutralité qui en sera la conséquence.

« Tout blessé recueilli et soigné dans une maison y servira de sauvegarde. L'habitant qui aura recueilli chez lui des blessés, sera dispensé du logement des troupes, ainsi que d'une partie des contributions de guerre qui seraient imposées.

« Article additionnel IV. — Conformément à l'esprit de l'article 5 de la Convention et aux réserves mentionnées au Protocole de 1864, il est expliqué que, pour la répartition des charges relatives au logement des troupes et aux contributions de guerre, il ne sera tenu compte que dans la mesure de l'équité, du zèle charitable déployé par les habitants.

« Art. 6. — Les militaires blessés ou malades seront recueillis et soignés, à quelque nation qu'ils appartiennent.

« Les commandants en chef auront la faculté de remettre immédiatement aux avant-postes ennemis, les militaires ennemis blessés pendant le combat, lorsque les circonstances le permettront, et du consentement des deux partis.

« Seront renvoyés dans leur pays ceux qui, après guérison, seront reconnus incapables de servir.

« Les autres pourront être également renvoyés, à la condition de ne pas reprendre les armes pendant la durée de la guerre.

« Les évacuations, avec le personnel qui les dirige, seront couvertes par une neutralité absolue.

« Article additionnel V. — Par extension de l'article 5 de la Convention, il est stipulé que, sous la réserve des officiers dont la possession importerait au sort des armes, et dans les limites fixées par le deuxième paragraphe de cet article, les blessés tombés entre les mains de l'ennemi, lors même qu'ils ne seraient pas reconnus incapables de servir, devront être renvoyés dans leur pays après leur guérison, ou plus tôt, si faire se peut, à la condition toutefois de ne pas reprendre les armes pendant la durée de la guerre.

« Art. 7. — Un drapeau distinctif et uniforme sera adopté pour les hôpitaux, les ambulances et les évacuations. Il devra être, en toute circonstance, accompagné du drapeau national.

« Un brassard sera également admis pour le personnel neutralisé. La délivrance en sera laissée à l'autorité militaire.

« Le drapeau et le brassard porteront croix rouge sur fond blanc.

« Art. 8. — Les détails d'exécution de la présente Convention seront réglés par les commandants en chef des armées belligérantes, d'après les instructions de leurs gouvernements respectifs, et conformément aux principes généraux énoncés dans cette Convention. »

La dernière guerre a malheureusement fourni une occasion d'étudier sur le vif et aux prises avec les faits, cette convention de Genève dont je viens de donner le texte. Il est bien évident que ce texte n'est pas définitif. Il serait même à désirer qu'on le soumît au plus tôt à une nouvelle étude, et qu'on lui fît subir plusieurs modifications.

Dans l'article 1er, par exemple, le mot *militaires*, comme l'observe M. Moynier, est à retrancher, puisqu'il entre dans l'esprit de la convention de protéger, à l'égal des hôpitaux *militaires*, les hôpitaux *civils* qui auraient été affectés à des blessés ou des malades. Le mot *neutre* aurait besoin d'être défini, car il semble indiquer que les ambulances avec leur personnel sanitaire et leurs malades, ne peuvent devenir la propriété, *même momentanée*, du vainqueur, ce qui n'est pas. Enfin le mot : *force militaire* laisse place à des malentendus et de fausses interprétations.

Quatre hommes *armés* employés à la police d'une ambulance qui contient 500 malades ou blessés (c'était notre chiffre de Clerval) ne sauraient être envisagés, évidemment, comme une *force* militaire ayant pour résultat d'enlever à cette ambulance les bénéfices de la neutralité relative à laquelle elle a droit. Il importerait beaucoup, dans une convention aussi importante que la convention de Genève, de donner aux mots un sens absolument rigoureux. Mais ceci n'est pas toujours chose facile. Pour les mots *force militaire*, qui nous occupent en ce moment, la meilleure manière d'arriver à une entente, serait peut-être celle qui consisterait à prendre le *nombre* des blessés ou des malades d'une ambulance, comme base du nombre des soldats *armés* qui doivent faire la police de cette ambulance.

L'article 2 assure *au personnel* des hôpitaux et des ambulances, la neutralité qu'accorde l'article 1er à ces ambulances et à ces hôpitaux, considérés comme *matériel*.

M. Moynier, à propos de cet article 2, fait remarquer avec raison que le mot *intendance* est de trop, attendu que le personnel de *l'intendance* et celui de *l'administration* se confondent. On pourrait donc s'en tenir au mot *administration* qui a une signification plus générale et mieux définie

Le mot *aumôniers* prête, à la rigueur, à une amphibologie, attendu qu'au sens étymologique, cette expression désigne une personne distribuant des aumônes ou des secours. La Convention de Genève, au contraire, a entendu désigner uniquement par là les personnes chargées de l'assistance religieuse des malades.

Il est conforme à l'esprit de la Convention, de considérer comme utile aux blessés, non-seulement le personnel qui *fonctionne* en les assistant, mais encore celui qui est en route pour leur porter secours (1). Aussi, serait-il avantageux de faire entrer dans la let-

---

(1) Moynier : *Etude sur la Convention de Genève*, p. 159.

tre de la Convention ce qui est d'accord, comme je viens de le dire, avec l'esprit dans lequel elle a été rédigée.

M. Moynier (*loc. cit.* p. 153), observe judicieusement qu'on aurait dû comprendre parmi le personnel auquel cet article 2 assure la neutralité, les soldats *même armés* préposés à la garde de l'hôpital ou de l'ambulance, et dont la présence est une garantie pour le maintien du bon ordre.

Enfin, peut-être ne serait-il pas superflu d'ajouter, comme dans l'article 1er, le mot *malades* au mot *blessés*, car dans de pareils contrats, trop de clarté n'est jamais un défaut.

L'article 3 et l'article additionnel 1er, nous paraissent renfermer une contradiction manifeste et s'exclure mutuellement, du moins dans une de leurs dispositions. En effet, le 1er paragraphe de l'article 3 accorde au personnel sanitaire, après l'occupation par l'ennemi, la faculté de *continuer* à remplir ses fonctions dans l'hôpital ou dans l'ambulance qu'il dessert, ou *de se retirer* pour rejoindre le corps auquel il appartient. L'article additionel 1er dit, au contraire, que ce personnel *continuera* à donner des soins aux malades et aux blessés.

Il paraît rationnel et humain *d'obliger* le médecin à ne quitter ses malades que lorsque ces derniers peuvent se passer de soins. Il serait donc utile de lui enlever la faculté de se retirer quand bon lui semble, faculté que lui confère le 1er paragraphe de l'article 3.

Cet article renferme encore, dans son second paragraphe, une disposition que les exigences de la guerre ne permettent pas d'accepter. Après avoir dit que le personnel sanitaire aura la liberté de rentrer dans ses lignes, il ajoute que ce personnel sera remis aux avant-postes ennemis par les soins de l'armée occupante. Pareille clause entraînerait, au point de vue des opérations militaires de cette armée, des inconvénients graves qu'elle ne saurait accepter, car le personnel qu'elle aurait ainsi remis aux avant-postes, pourrait donner parfois des indications précieuses sur sa force numérique, ses positions, etc., etc. L'article additionnel 1er a donc sagement fait d'indiquer, dans son 2me paragraphe, que *le commandant des troupes occupantes fixera le moment du départ du personnel sanitaire prisonnier.* Il ajoute bien que : *le moment de ce départ ne pourra être différé que pour une courte durée, en cas de nécessités militaires;* mais ces mots *courte durée* et *nécessités militaires,* laissent et devaient laisser au commandant des forces occupantes une latitude assez grande qu'il est impossible de renfermer dans des limites fixées d'avance.

Il n'était guère dans l'habitude des Allemands de remettre aux avant-postes les ambulances prisonnières. En général, ils leur imposaient un itinéraire qui les faisait passer par Strasbourg, le grand duché de Bade et la Suisse. Ce petit voyage, grâce aux difficultés des communications, ne s'effectuait ordinairement qu'en 15 jours ou un mois, et par conséquent ne pouvait compromettre en rien les opérations militaires. A Clerval, les Prussiens nous permirent, comme le prescrit l'article additionnel 1ᵉʳ et comme l'autorise l'article 3, de rester avec nos malades et nos blessés.

Il y a bien encore dans le 1ᵉʳ paragraphe de l'article additionnel 1ᵉʳ quelques mots qui précisent peu de chose, mais qui ne pouvaient rien préciser de plus. Ce sont ceux-ci : « le personnel continuera à donner ses soins aux malades dans la *mesure des besoins*. »

La conscience du médecin reste et doit évidemment rester seule juge de la mesure de ces besoins.

L'article additionnel II a pour but d'assurer, par un engagement international, les moyens d'existence du personnel sanitaire prisonnier, et par suite, de dispenser ce personnel d'avoir recours à la pitié de l'ennemi entre les mains duquel il est tombé. La rédaction de cet article laisse peu à désirer ; toutefois, comme l'indique M. Moynier, on pourrait arrêter que l'indemnité accordée au personnel sanitaire prisonnier sera réglée d'après les tarifs en vigueur dans celle des deux armées où les traitements sont *le plus faibles*. De la sorte, on supprimerait toutes les difficultés que pourrait soulever, à la rigueur, le pronom *son* inclus dans ce membre de phrase «... la jouissance intégrale de *son* traitement. »

L'article 4 neutralise le *matériel* des *ambulances*, non celui des *hôpitaux* militaires.

Cette restriction paraît sans grands inconvénients, attendu que les hôpitaux ne sont point mobiles par nature comme les ambulances et risquent peu, par conséquent, d'être pris par l'ennemi.

L'article additionnel III spécifie ce que l'on doit entendre par *ambulance* et donne à ce mot une extension qui est toute dans l'intérêt des malades et des blessés.

Les articles 5 et 6 sont certainement, de toute la Convention de Genève, les moins précis, les plus discutables, ceux dont l'application rencontre dans la pratique le plus de difficultés.

En déclarant que « *les habitants du pays qui porteront secours aux blessés seront respectés et demeureront libres,* » le 1er paragraphe de l'article 5 a voulu consacrer, par une disposition spéciale, un usage en vigueur chez tous les peuples civilisés où les belligérants se font un devoir de respecter les habitants inoffensifs. On ne saurait reprocher aux législateurs de la Convention de Genève d'avoir fait passer dans une loi ce qui était déjà dans les mœurs des nations policées. Le paragraphe 1er ne soulève donc ni grandes difficultés, ni objections sérieuses, car on ne peut admettre qu'il ait pour conséquence d'encourager et de légitimer la présence sur les champs de bataille, d'individus sans mandat qui sous prétexte de *porter* secours aux blessés s'occuperaient vraisemblablement de dépouiller les morts.

Le 2me paragraphe de cet article 5 serait également à l'abri de toute critique, s'il se trouvait à sa place naturelle, qui est à la suite du paragraphe 3me, et si la *neutralité* qu'il promet aux particuliers ayant recueilli des blessés était bien définie. Malheureusement elle ne l'est pas. On ne voit pas plus clairement ce que signifie le mot *sauvegarde* inscrit dans le 3me paragraphe. Veut-on dire que le blessé préservera la maison de l'incendie ou ses habitants de violences à main armée? Mais alors même qu'il n'y aurait pas de blessés, ces violences, si elles n'étaient pas justifiées par des agressions, seraient contraires au droit des gens et aux usages de la guerre. Entend-on que toute maison qui aura *un* blessé sera protégée contre les obus, dans un bombardement, par le drapeau de Genève arboré sur son toit? Mais alors il n'y aurait plus de bombardement possible, car chaque maison ferait en sorte d'avoir son blessé et son petit drapeau.

C'est ce que nous vîmes à Bourges. Lors de notre arrivée dans cette ville, on craignait un investissement et le bombardement qui en eut été la conséquence presque forcée. Aussi nous demandait-on, de toutes parts, non pas *plusieurs* blessés, mais *un* blessé. S'il eut été possible de le fractionner, je crois que l'on se serait contenté d'une de ces fractions.

Les législateurs de la Convention de Genève semblent avoir pressenti les abus dont je parle.

La 2me partie du 3me paragraphe de l'article 5 dit, en effet, que l'habitant dispensé du logement des troupes ainsi que d'une partie des contributions de guerre sera celui qui aura recueilli *des blessés*. Ce pluriel est certainement préférable au singulier qui le précède, mais il est encore très-vague et beaucoup trop élastique.

Je me souviens d'un Orléanais chez lequel je fus logé au commencement de notre campagne. Il me démontra, preuves en main, qu'il avait couché et nourri pendant dix jours six Bavarois. Comme tous les Allemands, ces Bavarois étaient d'un appétit remarquable, et il est hors de doute, qu'en leur lieu et place, mon Orléanais eut préféré de beaucoup, au point de vue de ses intérêts, accueillir et soigner *deux* blessés. Ces *deux* blessés, aux termes de l'article 5, auraient dû suffire pour le dispenser, non-seulement du *logement des troupes*, mais encore d'une *partie des contributions de guerre* dont nos ennemis ne se firent pas faute d'accabler Orléans.

Pareille interprétation n'est pas admissible. Comprenant tout ce que le texte de cet article 5 avait de défectueux, la Conférence de Genève de 1868 a essayé de le rendre plus clair et plus précis par un commentaire qui forme le 4me article additionnel. Ce commentaire nous semble ne rien préciser. Il explique *qu'il ne sera tenu compte que dans la mesure de l'équité, du zèle charitable déployé par les habitants.* Mais, comment déterminera-t-on cette *mesure d'équité?*

L'éparpillement des blessés sur une large surface est encore, dans la pratique, un des nombreux et graves inconvénients de l'article 5 et de l'article additionnel IV. Or, une trop grande dissémination des malades a pour conséquence forcée d'entraver l'organisation des soins médicaux, car on ne peut évidemment demander à une ambulance de traiter et de nourrir cinq ou six cents hommes (comme nous l'avons fait à Clerval), s'ils sont répartis dans une centaine d'emplacements différents.

Le 1er paragraphe de l'article 6 dit que *les militaires blessés ou malades seront recueillis et soignés à quelque nation qu'ils appartiennent.*

L'adoption de ce paragraphe par les puissances signataires de la Convention de Genève a contribué à diminuer les innombrables souffrances que la guerre laisse derrière elle et l'on ne saurait trop s'en réjouir. Pour ce qui nous concerne, je puis affirmer que dans notre ambulance, Français et Allemands ont été soignés sur le pied de la plus parfaite égalité.

Le 2me paragraphe du même article peut paraître, et à bon droit, presque complétement inutile.

Le 3me, partant de cette idée théorique extrêmement juste, que l'on devrait supprimer à la guerre toutes les rigueurs *inutiles*, prescrit aux puissances belligérantes de renvoyer dans leurs pays respectifs *les malades et les blessés* qui, après guérison, seront reconnus incapables de servir. Ce repatriement présente de sérieuses difficultés tant que les hostilités se poursuivent, et nous n'avons pas ouï dire que dans la dernière guerre l'Allemagne et la France aient obéi, sur ce point, à la Convention de Genève.

Les mots *malades ou blessés* devraient se trouver et ne se trouvent pas dans le texte de ce 3me paragraphe qui est ainsi conçu : « Seront renvoyés dans leurs pays *ceux* qui, après guérison, seront reconnus incapables de servir. »

Même lacune dans le 4me paragraphe. « Les *autres* pourront être également renvoyés, à la condition de ne pas reprendre les armes pendant la durée de la guerre. » Dans la pratique, cette clause vise tout au plus le corps des officiers.

En assurant une *neutralité absolue aux convois d'éva-*

cuations et au personnel qui les dirige, le dernier paragraphe de l'article 6 a voulu garantir un des services les plus importants dans une armée en campagne ; mais pour le personnel des évacuations, comme pour celui des ambulances et des hôpitaux en général, la neutralité ne saurait être *absolue,* ainsi que l'indique le texte de la Convention. Si elle était *absolue,* elle permettrait, en effet, au personnel d'un convoi d'évacuation tombé entre les mains de l'ennemi, de rentrer immédiatement dans ses lignes et de raconter ce qu'il a pu observer dans le camp opposé.

M. Moynier observe avec justesse que ces mots : *avec le personnel qui les dirige* (les évacuations) sont une superfétation, puisque l'article 2 a déjà neutralisé *le personnel du service de transport des blessés, lorsqu'il fonctionne.*

L'article additionnel V, qui embrasse huit longues lignes de texte, n'est guère qu'une répétition du 4me paragraphe de l'article 4.

L'article 7 ne semble donner lieu à aucune observation particulière.

L'article 8 a été diversement apprécié. Les uns l'ont blâmé énergiquement, sous prétexte qu'il réduisait à néant les articles qui le précèdent en faisant dépendre leur observation du bon plaisir des généraux. Les autres l'ont non moins énergiquement approuvé, sous prétexte que l'interprétation la plus large de cet article pouvait seule faire accepter la raideur de certains autres articles de la Convention (1).

(1) Moynier, loc. cit. p. 240.

« Il y a tant d'imprévu à la guerre, dit avec raison M. Moynier, qu'il est indispensable de laisser éventuellement une certaine latitude aux belligérants ; c'est pourquoi la compétence des commandants en chef a été reconnue pour ce qui concerne les détails d'exécution. »

Cette manière de raisonner paraît juste, et force sera bien de laisser aux généraux d'armée la latitude dont parle M. Moynier, autant du moins que le texte de la Convention de Genève n'aura pas été modifié dans le sens d'une précision très-désirable.

Quels que soient les *desiderata* que l'on puisse formuler au sujet de la Convention de Genève, *desiderata* que les hommes compétents ne manqueront pas sans doute d'exprimer bientôt, cette Convention n'en constitue pas moins un progrès humanitaire extrêmement remarquable, digne d'appeler les études des hommes spéciaux.

Si la neutralisation du personnel de santé des armées a été la grande pensée de fondateurs de l'œuvre de la croix-rouge, la création de Comités de Secours dans la plupart des Etats de l'Europe a été leur acte principal.

Pour ne parler que de l'Allemagne et de la France, les Comités de Secours, fondés dans ces deux pays sous le patronage du Comité international de Genève, ont rendu, pendant la dernière guerre, d'incontestables services.

Le *Bulletin International des Sociétés de Secours aux militaires blessés* a publié dans plusieurs de ses numéros, notamment dans ceux d'octobre 1870 et de juillet 1871, les résultats donnés dans l'Allemagne du Nord par les Sociétés de Secours. S'il est permis d'en juger par ces documents, nos ennemis auraient apporté à la mise en activité de ces Sociétés, le talent d'organisation dont ils nous ont malheureusement fourni tant de preuves au cours de cette guerre néfaste.

La Suisse, berceau de l'œuvre, s'est montrée digne de lui avoir donné le jour. Le Comité International de Genève, trait-d'union entre toutes les Sociétés Nationales de Secours, déploya une activité et un zèle vraiment admirables. Pour faciliter l'échange des communications entre les Comités, la transmission des secours et des renseignements, il fonda à Bâle, tête de ligne des chemins de fer français et allemands de l'Est, une Agence Internationale. Il établit, à Genève, un bureau central d'informations, publia de nombreuses listes de blessés français ou allemands, s'occupa de repatrier les prisonniers et les soldats mutilés par la guerre.

La Convention signée aux Verrières le 1er février 1871, par le général Clinchant et le général suisse Herzog, avait jeté sur le territoire de la Confédération Suisse 84,271 hommes, sur lesquels 5,146 malades.

La Suisse accueillit à bras ouverts nos malheureux soldats. Le comité International créa à Genève une Agence centrale de Secours pour les militaires français internés. Cette Agence avait pour mission de se renseigner sur les besoins des diverses localités où se trouvaient les internés, et de régler, d'après ces informations, la répartition des dons venus de France ou d'ailleurs. Au total, le comité International de Genève a reçu et employé pendant la guerre de 1870-71, une somme de 1,709,000 fr. La valeur des dons en nature par lui répartis égale au moins celle des dons en argent, ce qui permet de fixer à plus de *trois millions* le montant des secours donnés par ce comité.

Si, en France, les Sociétés de secours n'ont pas donné tous les résultats désirables, c'est qu'elles se sont improvisées au moment même de la guerre. L'Allemagne avait employé à la préparation de la lutte tous les loisirs de la paix. Il n'était pas dans notre caractère d'être aussi sagement prudents, et lorsqu'éclata cette formidable conflagration, tout était encore à créer.

Pour ce qui concernait les secours aux blessés, on déploya une louable activité et un certain patriotisme. Le comité central siégeant à Paris recueillit une somme vraiment considérable, créa 17 ambulances de combat et s'occupa de préparer la fondation de Comités départementaux. Je demande la permission de résumer ici les résultats donnés par l'œuvre de la croix-rouge à Saint-Etienne. Ils sont, je puis le dire, à l'honneur de notre pays.

Le Comité de secours aux blessés de Saint-Etienne s'organisa dans les premiers jours du mois d'août 1870, c'est-à-dire peu après la déclaration de guerre (1).

(1) Pour plus de détails sur les travaux du Comité de secours aux blessés de Saint-Etienne, voir le rapport général de ce comité auquel

Il fut reconnu par la société nationale française de secours, le 1ᵉʳ décembre 1870, et par la Société Internationale de secours aux blessés de terre et de mer, de Genève, le 19 décembre suivant. En cette qualité, il reconnut comme comités auxiliaires, et plaça sous la garantie de la convention de Genève :

1° Le Comité des ambulances sédentaires de Saint-Etienne (1);

2° Le Comité des ambulances sédentaires de Montbrison (2) ;

3° Le Comité des ambulances sédentaires de Roanne (3).

A la date du 10 août 1871, la situation du Comité de secours de Saint-Etienne était la suivante :

Recettes	149,770 fr. 95 c.
Dépenses.	101,870 50
Reste en caisse une somme de	47,900 45

destinée aux orphelins, aux veuves, aux vieux parents qui ont perdu leurs soutiens pendant la guerre.

J'ai dit dans une des premières pages de cette no-

---

j'emprunte la plupart des détails qui vont suivre. Si la modestie, fort rare de nos jours, était un défaut, je dirais que les rédacteurs de ce rapport n'ont eu qu'un tort, celui de laisser leur personnalité complétement dans l'ombre.

(1) Il a recueilli 41,322 fr. 55 et reçu 2,100 malades dans 44 ambulances.

(2) Ses souscriptions se sont élevées à 12,000 fr.

(3) Ses souscriptions se sont élevées à 3,791 fr.

tice, que les dons en nature représentaient approximativement une somme de 100,000 francs. Une évaluation plus récente et plus exacte permet de fixer ce chiffre entre 130 et 150,000 fr.

Au total, notre Comité a expédié pendant la guerre :

Cent vingt-cinq caisses contenant douze mille trois cent soixante-quinze kilogrammes de linge tout préparé ;

Cinquante caisses contenant mille chemises de coton, toile ou flanelle ;

Quatre cent cinquante gilets de flanelle ;

Deux cent cinquante plastrons de flanelle ;

Deux cent cinquante ceintures de flanelle ;

Deux cents tricots de coton ou de laine ;

Dix-huit cents paires de chaussettes ;

Quatre cent cinquante cravates cache-nez ;

Cinq cents mouchoirs ;

Cent cinquante caleçons toile, coton ou flanelle ;

Deux cents bonnets de coton ;

Cent paires de chaussons ;

Cent vingt-cinq couvertures de laine ;

Cinquante paires de draps ;

Quatre cents serviettes ;

Quatre caisses de vêtements, tels que pantalons, paletots, manteaux ;

Neuf cent trente-un litres vins fins et vieux ;

Deux caisses de chocolat, quina, cigarettes, etc.

Il a pu secourir 543 familles nécessiteuses qui comptaient des enfants sous les drapeaux. A ces 543 familles on a donné 33,235 fr. 95 c.

Messieurs les membres du Comité distribuaient eux-mêmes aux blessés de passage à la gare, des bouillons, du pain, de la viande, du vin, des effets d'habillement. Ceux qui avaient besoin d'être pansés l'étaient par les soins de M. le docteur Giraud. Ce service de la gare est venu en aide à 5,000 soldats blessés ou malades. Il fonctionnait jour et nuit. Je regrette que la modestie de ceux qui s'en étaient chargés me défende de dire comment ils s'en acquittèrent.

Une ambulance sédentaire établie a proximité de la gare reçut un certain nombre de militaires qui, sans être à destination de Saint-Etienne, se trouvaient trop fatigués pour continuer leur route.

Le Comité de secours contribua, en grande partie, à la formation des petites ambulances des légions mobilisées de la Loire, en leur fournissant toutes les pharmacies, des instruments de chirurgie, des objets de pansements, des caisses de vêtements et de linges. A l'une d'elles, il procura une voiture et des chevaux.

Une de ses œuvres principales fut la formation de notre ambulance de marche. J'ai raconté en détail les services qu'elle a pu rendre, et n'ai point à y revenir ici. Cependant, on voudra bien me permettre encore quelques courtes observations relatives à son organisation.

Dans notre ambulance, comme dans toutes les autres sans doute, l'organisation, bonne dans son ensemble, n'en présentait pas moins quelques défectuosités d'une certaine importance. Je parlerai, avec une égale franchise, de ce que je voudrais voir maintenir, perfectionner ou modifier, si nous devions reprendre la campagne.

Notre personnel comprenait 32 personnes. Comme l'a fait judicieusement observer, dans son rapport, M. le docteur Riembault, ce chiffre était excellent. Moins nombreux, il nous eût été impossible de suffire à la tâche. Plus nombreux, nous eussions rencontré de très-sérieux obstacles au point de vue du logement, de la nourriture et surtout de la rapidité si précieuse dans la mobilisation.

Nous prenions nos repas en commun, et l'ordinaire était le même pour tous. A côté de quelques inconvénients de détail, cette manière de faire présentait de grands avantages, et contribuait, pour une large part, à maintenir parmi nous l'esprit de fraternité et d'union.

La bonne harmonie, si nécessaire lorsque plusieurs hommes doivent concourir à une même œuvre, n'a cessé de régner entre nous pendant nos trois mois de campagne, et c'est, je crois, un des points sur lesquels nous avions le bonheur de différer d'autres ambulances. En voici les motifs.

Bon nombre de jeunes gens, appartenant à d'opulentes familles, avaient demandé, la plupart pour échapper au service, à entrer dans les ambulances Internationales. Ils y avaient apporté quelque chose de haut, de fier, *de trop réservé*. Ils entendaient tenir le haut du pavé, vivaient à part des aides-chirurgiens, et se séparaient, à plus forte raison, de ceux des infirmiers leurs collègues qui prenaient leur origine dans le peuple. Leur porte-monnaie toujours bien garni, leur permettait de mener en campagne une existence relativement très-large.

Rencontrait-on sur sa route un château ? Ces infirmiers, parfaits gentlemans, hommes du monde irréprochables, beaucoup plus à l'aise sur le parquet ciré d'un salon que sur la paille d'une ambulance, avaient bien vite entouré la dame de céans, et conquis ses meilleures chambres, ses meilleurs lits, ses meilleurs vins. Bref, il arrivait fréquemment que les aides-chirurgiens, voir même les chirurgiens couchaient à la belle étoile ou dans les écuries, tandis que ces Messieurs, contrairement à toutes les règles de la plus juste hiérarchie et des plus élémentaires convenances, occupaient des appartements très-confortables.

Ces faits se passaient dans des ambulances organisées dans des départements voisins ou peu éloignés du nôtre. Dans ces ambulances, je comptais des amis, chirurgiens ou aides-chirurgiens. Par suite des hasards de la guerre, nous nous rencontrâmes bien souvent, et ce que j'écris ici fit maintes fois le sujet de nos conversations et de leurs justes plaintes.

Chez nous, ces abus fort regrettables n'existaient pas. Bonne et mauvaise fortune, on partageait tout en commun. Aussi, la gaîté, la bonne humeur, ne nous ont-elles jamais abandonnés, même dans les moments les plus critiques.

Dans notre ambulance, le chirurgien en chef venait le premier dans l'ordre des pouvoirs. L'intendant général arrivait le second. L'inverse existait dans d'autres ambulances où cette situation paraissait entraîner, en petit, les inconvénients graves et nombreux qui se produisent en grand dans l'armée, par suite de la subordination des chirurgiens militaires au personnel des intendances.

Comme le remarque avec justesse dans son rapport, M. le docteur Riembault, si nous n'avons pas bien fait, les moyens de bien faire ne nous ont pas manqué. Nos dépenses, pour les 84 jours de campagne, se sont élevées à 14,328 fr. 55. Cette somme est relativement faible, attendu que nous n'avons pas bénéficié plus d'une semaine de la ressource du réquisitionnement, mais nous avions carte blanche. « L'argent, nous écrivaient MM. les membres du comité, ne peut être employé à un plus noble usage. »

Grâce à cette abondance de ressources et à la sollicitude de notre comité, grâce aussi à l'intelligente activité de notre intendant général, la campagne n'a pas été aussi rude pour nous qu'on pourrait bien le penser. Comme tout le monde, nous avons souffert du froid et couru notre part de dangers ; mais enfin je n'hésite pas un seul instant à reconnaître que l'activité des ambulances s'exerçant dans des conditions spéciales, leur personnel est vraisemblablement de toute l'armée celui qui a supporté le moins de fatigues et de privations.

Il a été un moment question, dans les sphères officielles, de donner à ceux qui se seraient distingués dans les ambulances, une médaille commémorative conférant le droit de porter un ruban. Comme, en

France, chacun croit s'être distingué un peu plus que son voisin, la distinction honorifique dont je parle serait probablement demandée par la moitié ou les deux tiers du personnel des ambulances. Passe encore pour la médaille commémorative, bien que les événements qu'elle rappellerait ne puissent avoir rien de particulièrement agréable pour notre amour-propre de Français; mais le ruban!! Que l'on récompense dans la personne de son chef, les services de *toute* une ambulance, quand ces services sont indiscutables, rien de plus juste; mais, pour Dieu, que l'on n'aille pas trop loin dans cette voie. Si nous ne réussissons pas à nous débarrasser de cette monomanie des distinctions honorifiques et des rubans de toutes nuances, nous serons bientôt au niveau de l'Espagne, et les seuls individus remarqués seront ceux dont la boutonnière ne fleurira pas d'une des sept couleurs du spectre solaire :

Violet, indigo, bleu, vert, jaune, orangé, rouge,

comme dit un alexandrin bien connu.

Dans la guerre d'Amérique, un million d'hommes combattirent pendant quatre ans. On ne leur donna ni décorations, ni pensions, ni titres, raconte M. Laboulaye.

Ils n'emportèrent avec eux que le souvenir du devoir accompli. Au moment du péril, on s'était soumis à toutes les exigences de la discipline, à toutes les souffrances de la guerre, mais on était resté citoyen, on avait gardé les mœurs de la République (1).

(1) Laboulaye, loc. cit. p. 884.)

A nous de suivre ce grand exemple, ne fût-ce que de loin.

Je le dis avec une certaine fierté, mais avec une parfaite exactitude, de toutes les ambulances que nous avons rencontrées sur notre chemin, aucune n'était aussi largement pourvue de ressources, aussi bien organisée au point de vue du matériel.

S'il était permis, en matière d'organisation, d'arriver à la perfection avant d'avoir bénéficié des enseignements de l'expérience, il aurait fallu, dans la création de notre ambulance, modifier trois choses : 1° rendre le matériel roulant un peu moins lourd ; 2° salarier les palefreniers et le cuisinier ; 3° augmenter le nombre des chirurgiens.

La première de ces trois modifications était incontestablement la moins importante, et je pourrais même me dispenser d'en parler. Nos deux grands omnibus étaient un peu lourds, j'en conviens. Les chevaux se fatiguaient rapidement, et quand nous trouvions une montée, nous ne réussissions parfois à la franchir qu'au prix des plus grandes difficultés ; mais, d'une autre part, des voitures trop légères n'auraient pu supporter les fardeaux énormes dont les nôtres étaient chargées. Du reste (et cette considération domine tout), nous devions à la générosité des Stéphanois, nos chevaux et nos voitures. Les chevaux étaient bons ; les fourgons l'étaient un peu moins, mais pour en trouver de parfaitement adaptés au service qu'ils devaient faire, il aurait fallu entrer dans de considérables dépenses, et perdre, au moment du départ, un temps des plus précieux.

Dans notre ambulance, le comité pourvoyait à tous les frais d'équipement et d'entretien, mais la gratuité des services était absolue, et du chirurgien en chef au dernier infirmier, personne ne recevait le moindre traitement. Nous n'en avons pas moins essayé d'apporter à l'accomplissement de notre mission toute la bonne volonté, toute la conscience dont nous étions susceptibles, et les intérêts de nos malades n'ont jamais souffert de ce système de gratuité. Je crois cependant qu'il eût été préférable d'accorder une indemnité aux palefreniers et au cuisinier de manière à pouvoir excercer sur eux une autorité plus directe.

Dans leur ouvrage sur la guerre et la charité (1), MM. Moynier et Appia observent avec raison que les volontaires les plus disposés à se mettre aux ordres des Comités de secours, ne sont pas toujours en mesure de le faire gratuitement. Ces deux auteurs pensent qu'il faut éviter tout à la fois les employés gratuits et les employés salariés, pour s'en tenir, en général, aux employés *indemnisés*. Il va de soi que cette indemnité doit être modérée, de manière à ne point transformer en une affaire lucrative une mission qui doit être, par dessus tout, œuvre de dévouement.

Ce système d'indemnités que préconisent MM. Moynier et Appia, et qui nous paraît le meilleur, avait été adopté par la Commission sanitaire des Etats-Unis (2). Il était également en vigueur dans les am-

---

(1) Moynier et Appia, loc. cit. p. 224.

(2) L'œuvre d'un grand peuple, p. 53.

bulances de combat organisées à Paris; mais, dans ces ambulances, l'indemnité fixée à l'origine à un chiffre trop élevé, entraîna des dépenses telles, qu'il fallut dans le courant de décembre 1870, procéder à une réduction considérable du personnel et une diminution sensible des honoraires.

Notre personnel se composait de 3 chirurgiens, 9 aides-chirurgiens, 2 pharmaciens, 14 infirmiers, 2 intendants, 1 interprète et 1 aumônier. Au total 32 personnes. Seuls, les chirurgiens n'étaient pas assez nombreux et se trouvaient débordés d'ouvrage. Si, éclairés par l'expérience, nous étions appelés à reprendre la campagne, on ne manquerait probablement pas d'abaisser le nombre des aides-chirurgiens de 9 à 6, pour élever celui des chirurgiens de 3 à 6. De cette manière, on ne modifierait en rien le chiffre total du personnel de l'ambulance qui, pour les raisons précédemment indiquées, ne saurait être augmenté sans de sérieux inconvénients. D'une autre part, six aides-chirurgiens expérimentés et actifs pourraient suffire aux besoins du service, à la condition, toutefois, que les chirurgiens, comme ils le faisaient chez nous, consentissent à se charger des pansements délicats.

Les ambulances volontaires organisées par les Sociétés de secours ont été souvent critiquées pendant et après la guerre. Il fut question, un moment, de les comprendre toutes dans un licenciement général.

Je le dis sans esprit de parti, dès l'origine et avant qu'on ait pu les examiner à l'œuvre, ces ambulances furent l'objet de la défiance des chirurgiens militaires et du personnel des intendances. Elles émanaient de l'initiative privée et constituaient une innovation. Cette origine et ce caractère de nouveauté n'étaient-ils pas suffisants pour leur attirer les critiques systématiques d'une administration qui se croit infaillible, et aux yeux de laquelle tout ce qui ne sort pas des manufactures gouvernementales, tout ce qui n'a pas été bercé sur les genoux de l'Etat est condamné systématiquement à l'impuissance?

La chirurgie officielle nous a toujours tenus en suspicion et ne nous a probablement jamais pardonné d'avoir voulu empiéter sur son domaine. Nos rapports avec les intendances ont été généralement difficiles, et cependant notre ambulance est une de celles qui ont le moins souffert sous ce rapport, parce que ses ressources lui permettaient de ne rien demander. Chirurgiens militaires et intendants nous reprochaient de faire de la chirurgie et de la médecine en amateurs, et d'avoir soin de nous cacher toutes les fois qu'il s'agissait de mettre la main à l'œuvre. Or, nous avons dû surmonter bien des difficultés pour obtenir d'être utilisés, soit à Bellegarde, soit à Bourges, soit au Creusot, soit même à Clerval. Dans ces quatre étapes principales de notre campagne, nous n'avons réussi à faire quelque chose, que parce que nous tenions à faire quelque chose. Ainsi, l'organisation était telle, qu'une ambulance, au lieu de recevoir des ordres et des instructions, était obligée d'aller les mendier. Il fallait vouloir travailler pour pouvoir travailler, tandis qu'on aurait dû être forcé au travail, alors même qu'on ne l'aurait point voulu.

Quand je parle des chirurgiens et des intendants militaires, c'est la chirurgie et l'intendance que j'entends désigner. Les hommes, en effet, sont infiniment moins coupables que les institutions, ou, pour parler encore plus exactement, ils ne sont que ce que ces institutions les ont faits. En Crimée et en Italie, par exemple, le service de santé et celui des intendances ont été d'une insuffisance déplorable, parce que leur mode d'organisation était mauvais; mais les hommes n'ont jamais reculé devant la peine ou le danger. Toutes proportions gardées, la mortalité fut bien plus grande parmi les médecins que parmi les soldats ou les officiers. L'intendant en chef de l'armée d'Orient, Blanchot, mourut d'épuisement à la suite de la campagne.

Je serais du reste partial et inexact si je disais que tout était pour le mieux dans les ambulances organisées par les Sociétés de secours, car plusieurs abus s'y étaient glissés. Ce qu'on leur a surtout reproché, et avec une certaine raison, c'est d'avoir été composées, en grande partie, de jeunes gens astreints au service militaire. Comme ce service n'avait rien de particulièrement agréable dans les circonstances que l'on traversait, on s'estimait très-heureux d'être admis dans une ambulance, parce que l'existence y était relativement très-supportable.

Ce fait de la présence, dans les ambulances, d'individus astreints au service militaire, est certainement pour beaucoup dans la déconsidération qui a été déversée sur elle ; mais qu'aurions-nous pu faire, si notre personnel eût été composé exclusivement d'hommes ayant dépassé la quarantaine? Il fallait de la jeunesse, c'est-à-dire de la santé, de l'entrain, de l'activité, de l'insouciance, de bons jarrets et même un estomac complaisant, pour mener à bonne fin l'œuvre qui était la nôtre, pour supporter le froid et les longues marches et se contenter bravement de serrer la ceinture quand le dîner manquait.

Du reste, la nouvelle organisation militaire de la France aura peut-être pour conséquence de supprimer les ambulances émanant de l'initiative privée. En effet, si, comme le veulent la justice et les intérêts bien compris du pays, on proclame l'obligation du service pour tous les citoyens sans exception, et si l'obligation de ce service dans des bans différents subsiste jusqu'à la quarantième année, un grand nombre de médecins civils se trouveront ainsi à la disposition du ministre de la guerre et ne pourront conséquemment concourir à la formation d'ambulances volontaires.

Lorsqu'une loi aura réuni, dans le service de santé des armées, l'élément civil et l'élément militaire, et lorsque ce service aura été reconstitué sur de nouvelles bases, la suppression des ambulances volontaires sera, sans doute, considérée comme une mesure utile. Relativement aux réformes à introduire dans le service de santé des armées, celles que paraissent réclamer le plus énergiquement les expériences faites pendant la dernière guerre ou les guerres précédentes, sont :

1° La séparation du service de santé du service de l'intendance ;

2° L'augmentation du nombre des médecins ;

3° La création d'un corps de brancardiers militaires ;

4° La formation d'un personnel d'infirmiers expérimentés et instruits.

Pour s'en tenir aux faits contemporains, l'expérience des dernières guerres a démontré avec une évidence si manifeste la nécessité de donner au personnel de santé des armées une existence indépendante, qu'il serait inutile, ce nous semble, d'insister beaucoup sur l'urgence extrême de cette réforme.

Il n'est pas admissible, en effet, qu'un intendant décide en dernier ressort de l'hygiène de l'armée, puisqu'il est complètement étranger à l'étude de cette science. En Allemagne, tout le personnel des ambulances est sous les ordres d'un médecin en chef qui jouit seul des prérogatives accordées chez nous aux intendants. Attaché au grand quartier-général et admis dans le secret des opérations de guerre, il peut déterminer, avec connaissance de cause, le nombre des ambulances nécessaires, et prévoir, autant qu'il est possible de prévoir à la guerre, dans quelles circonstances de temps ou de milieu leurs services doivent être le plus utile.

« Puisque la subordination et l'impuissance des médecins, les ont empêchés de prévenir des fléaux que l'on pouvait aisément conjurer, il faut faire cesser cette impuissance et cette condition subalterne ; il faut que la médecine militaire devienne un service distinct et qu'elle ait son représentant au grand quartier-général. Il faut qu'il y ait un corps de médecine et d'hygiène comme il y a un corps d'artillerie ou du génie. « Il n'est pas difficile de conduire les troupes au feu, mais de les faire vivre et de les conserver, » a dit avec raison le maréchal Bugeaud. Pourquoi le service qui a pour objet de conserver et de faire durer le soldat n'aurait-il pas une existence indépendante et des chefs admis à travailler directement avec le commandant de l'armée ? Est-ce qu'un avis donné à propos sur la nature du terrain, des eaux, de l'alimentation, ne peut pas sauver la vie ou la santé de milliers d'hommes, et contribuer à la victoire, tout autant que les sages conseils d'un chef d'artillerie ? (1)

La réponse à ces diverses questions ne saurait-être douteuse et tout porte à croire que la réforme militaire prochaine la formulera dans le sens que réclament l'humanité et le simple bon sens.

L'augmentation du nombre des médecins affectés en temps de guerre au service de santé de l'armée constituerait, dans l'organisation de ce service, un perfectionnement tout à fait nécessaire. En Crimée, l'armée anglaise, dont l'effectif était inférieur des deux tiers au nôtre, avait autant de médecins que nous.

Les réglements qui régissent le service médical des troupes, en Amérique et en Angleterre, fixent à 100 le nombre des malades ou des blessés qu'un médecin

---

(1) Laboulaye, loc. cit. p. 855.

doit visiter. A Constantinople, nos chirurgiens militaires en avaient 300 ; à Magenta 175 ; à Solférino 500. Ce dernier chiffre, comme le remarque M. Laboulaye, donnait trois minutes par blessé, en supposant que le médecin pût travailler vingt heures de suite.

Depuis le premier empire, les perfectionnements nombreux introduits dans les engins de destruction ont rendu la guerre plus meurtrière et multiplié, par conséquent, le nombre des blessés. Le nombre des médecins aurait dû suivre une progression correspondante. Le contraire a eu lieu, et nos médecins militaires, en Crimée et en Italie, étaient quatre ou cinq fois moins nombreux que sous le premier empire. Leur chiffre qui en 1830, au moment de la conquête d'Alger, était de 6 p. 1,000 hommes d'effectif, est descendu à 0,72 pendant la campagne de Crimée, pour arriver à 0,82 p. 1,000 pendant la campagne d'Italie. Avec un personnel aussi insuffisant, on comprend très-bien que le docteur Scrive ait écrit pendant la guerre d'Orient que : « *La médecine était réduite à des soulagements moraux.* »

Une des innovations les plus heureuses apportées dans l'armée allemande est la formation des compagnies dites sanitaires *(sanitætscompagnie)* qui ne sont composées, ni de simples soldats détachés des régiments, ni même de soldats correspondant à nos infirmiers militaires. Chaque année, les médecins du corps de troupe prennent cinq hommes par bataillon et leur apprennent à relever les blessés, à les transporter, à établir un hôpital ou une ambulance provisoire.

Ces hommes sont appelés soldats de santé *(sanitœt-soldaten)*. Ils forment une compagnie par régiment. Plus encore chez les Allemands que chez nous, les ambulances ne sont que pour les choses indispensables. Les établissements de 2me ou de 3me ligne ont pour mission de continuer leur œuvre. En temps de guerre, la moitié de la compagnie sanitaire est retirée du régiment pour faire le service d'infirmiers dans ces hôpitaux de 2me et de 3me ligne. L'autre moitié reste à ses rangs dans les bataillons. C'est elle qui est chargée, au moment même du combat, de ramasser les blessés *du bataillon* et de les transporter aux ambulances.

Ce service fonctionnait avec une remarquable régularité chez nos ennemis et les journaux qui ne nous ont pas ménagé les nouvelles imaginaires pendant la dernière guerre, étaient dans le vrai lorsqu'ils parlaient de la merveilleuse rapidité avec laquelle les Allemands enlevaient leurs blessés. Il serait urgent de les imiter sur ce point, comme sur tous ceux où leur organisation est supérieure à la nôtre, et d'établir des compagnies de brancardiers. Il y a plus d'un demi-siècle, que Percy, l'un des plus célèbres chirurgiens du premier Empire, a proposé la création de ces compagnies de brancardiers ; mais, en France, les meilleures idées sont condamnées à ne faire que très-lentement leur chemin, lorsqu'elles introduisent une modification dans l'ordre de choses préexistant.

La nécessité d'assurer l'enlèvement rapide des blessés sur le champ de bataille, se dégage, jusqu'à l'évidence, des principaux ouvrages de chirurgie militaire écrits à la suite de toutes les guerres de notre siècle. Multiplier les citations serait chose facile, mais longue, et nous ne nous y arrêterons pas. Tout porte à croire, du reste, que sur ce point les leçons du passé ne seront pas perdues pour l'avenir, et que dans les guerres auxquelles il est malheureusement permis de s'attendre, les blessés ne resteront plus 6, 12, 24 et même 48 heures sur le champ de bataille en proie à des souffrances physiques et à des tortures morales inimaginables (1).

La formation, pendant la paix, d'un personnel d'infirmiers militaires plus nombreux, plus expérimenté et plus instruit serait encore une réforme bien désirable. Ne serait-il pas possible d'augmenter le nombre de nos infirmiers militaires et de leur donner un certain enseignement chirurgical, comme cela se pratique dans les compagnies sanitaires allemandes? En temps de guerre, on pourrait encore apporter un appoint considérable à ce personnel d'infirmiers militaires, en lui adjoignant les étudiants en médecine qui ne réuniraient pas les conditions désirables pour être utilisés au titre d'aides-major.

On ne s'improvise pas garde-malades. Le soin des

---

(1) La bataille de Solferino fut livrée le 24 juin. Une partie des 10,212 blessés transportés aux ambulances par les mulets à cacolets et les caissons du train des équipages ne furent relevés du champ de bataille que dans les journées des 29 et 30 juin. C'est l'intendant en chef de l'armée d'Italie lui-même qui le confesse. (Voir : Chenu, *Statistique de la campagne d'Italie*). Les blessés enlevés les derniers étaient donc restés six jours sur le champ de bataille.

blessés, surtout demande et de l'expérience et des connaissances. Il est en effet nécessaire non-seulement de les panser, mais aussi de les soulever et de les mouvoir conformément à de certaines règles, car un faux mouvement, une fausse position peuvent compromettre la consolidation d'une fracture ou la cicatrisation d'une plaie. C'est donc pendant la paix qu'il faudrait préparer le personnel des infirmiers au difficile travail qui doit lui être confié pendant la guerre.

Lorsque Miss Nightingale, entourée de médecins éclairés, commença la réforme sanitaire de l'armée anglaise d'Orient, la mortalité était de 23 pour 100 du nombre des malades. Les réformes accomplies, cette mortalité descendit, ou pour employer une expression plus juste, sauta de 23 à 4, puis à 1,7 et même 1,1 pour 100 du nombre des malades. La moyenne des pertes par maladies fut de 2,21 sur le nombre des malades, dans l'armée anglaise, et de 19,87 dans l'armée française. Cette différence énorme en faveur des Anglais fut exclusivement le résultat des modifications introduites dans l'hygiène du soldat et la composition du corps sanitaire auquel on donna des infirmiers bien instruits et bien payés.

Je n'ai fait qu'effleurer très-légèrement quatre des modifications qu'il paraîtrait utile de comprendre, en premier lieu, dans la réorganisation prochaine du service de santé des armées en campagne. Une étude moins superficielle de cette importante question ne serait peut-être pas dépourvue d'intérêt et d'utilité, mais les modestes limites de cet opuscule et mon inexpérience ne me permettent point de l'aborder. Du reste, les hommes compétents et autorisés ne manqueront pas d'indiquer les réformes nécessaires. Puisse l'opinion publique les réclamer énergiquement et surtout les obtenir. Pour moi, je m'estimerais trop heureux si, en racontant quelques unes des souffrances de nos soldats, j'avais pu appeler sur eux, ne fut ce que dans une bien faible mesure, les sympathies qu'ils méritent.

ADDITA

J'ai omis de dire, à propos de notre départ de Clerval, qu'avant de quitter cette localité, nous avions laissé au docteur Robilier, chargé de nos malades, les 25 soldats que nous avions dressés au service d'infirmiers.

SAINT-ÉTIENNE, IMP. FREYDIER, RUE

www.ingramcontent.com/pod-product-compliance
Lightning Source LLC
Chambersburg PA
CBHW071900160426
43198CB00011B/1175